BASICS

ENTWURFSIDEE

\\ BERT BIELEFELD \\ SEBASTIAN EL KHOULI

BASICS

ENTWURFSIDEE

BIRKHÄUSER
BASEL·BOSTON·BERLIN

INHALTSVERZEICHNIS

VORWORT

Entwerfen ist ein Prozess, der sich nur schwer in systematisierte Bahnen oder typologisierte Abläufe zwängen lässt. Insbesondere wenn man als Student erste Gehversuche in der eigenen Entwurfs- und Ideenfindungswelt unternimmt, entstehen Entwürfe aus unterschiedlichsten Ansätzen und Einflüssen nach dem „trial-and-error"-Prinzip. Man probiert etwas aus und stellt oft fest, dass die Idee nicht weiterführt. Zumeist entstehen daraus neue Alternativen bzw. neue Wege, die interessant erscheinen. In diesem Prozess aus Ansporn, Glücksmomenten, Dämpfern und Frustration festigt sich das Bewusstsein für die Planungsaufgabe, es entsteht ein Entwurf. Auch Architekten, die schon lange im Beruf sind und viel Erfahrung aufweisen, erleben Entwerfen auf diese Art.

Am Anfang jedes Entwurfes steht die Suche nach einer Idee, einer intuitiven Eingebung, wie man die gestellte Aufgabe lösen könnte. Die Entwurfsidee ist somit der Beginn eines langen Weges, auf dem präzisiert, modifiziert, detailliert und immer wieder verworfen wird. Der Band *Entwurfsidee* beschränkt sich thematisch auf diesen Einstieg, weil er ausschlaggebend und richtungsweisend für den weiteren Prozess und häufig auch schon für das Ergebnis ist. Ziel ist es, möglichst vielfältig und breit gefächert sinnvolle Ansatzpunkte und Inspirationsquellen aufzuzeigen und Wege zur Entfachung der eigenen Kreativität zu vermitteln. Die dargestellten Inhalte sollen anregen, sich vertiefend mit den einzelnen Aspekten und angesprochenen Konzepten zu beschäftigen. Es werden bewusst keine Architekturstile oder dogmatischen Grundsätze in den Vordergrund gestellt vielmehr geht es um die einfache, aber vielschichtige Frage: Wie komme ich zu einer ersten Idee?

Bert Bielefeld, Herausgeber

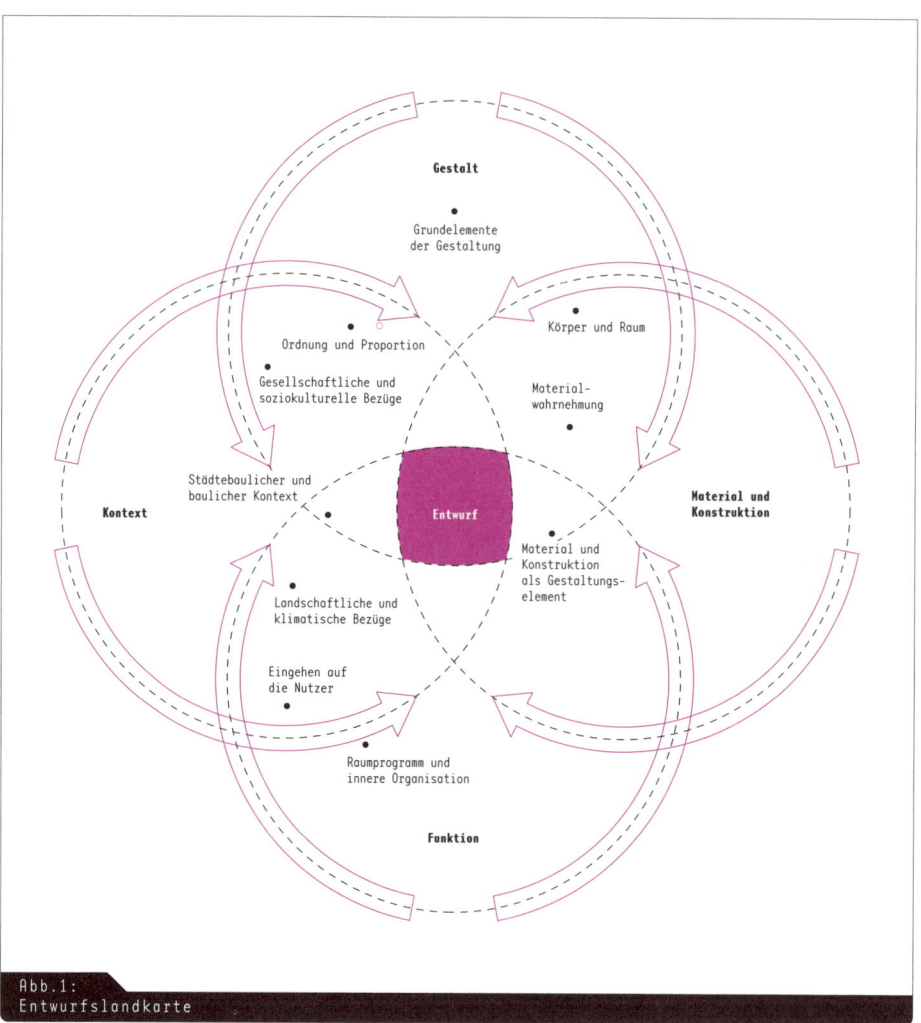

8

EINLEITUNG

Architektur entsteht nicht im luftleeren Raum, sondern ist in der Regel eine Reaktion auf den Kontext, in dem sie zur baulichen Wirklichkeit werden soll. Zudem soll sie Funktionen beherbergen, einer Aufgabe Ausdruck und Gestalt verleihen und durch ihre Konstruktion und ihre Materialität erlebbar werden. So sind die benannten Parameter der Entwurfslandkarte Kontext – Funktion – Gestalt – Material und Konstruktion mit jedem Gebäudeentwurf direkt verbunden. › Abb. 1 Sie sind Elemente jedes Entwurfs mit Realisierungsabsicht. Darüber hinaus stellen sie aber auch das größte Potenzial dar, um Ansätze für eine Entwurfsidee zu entwickeln.

In den folgenden Kapiteln werden deshalb zunächst die für einen Entwurf relevanten Parameter systematisch dargestellt und in Bezug auf mögliche Entwurfsansätze und -ideen analysiert. Hierbei werden immer wieder die vielfältigen Verknüpfungen und Bezüge zu anderen entwurfsrelevanten Aspekten aufgezeigt, um mögliche Anknüpfungspunkte, aber auch Abhängigkeiten darzustellen. Diese Querverweise sollen verdeutlichen, auf welche Art und Weise die einzelnen Themen miteinander verflochten sind, und als Hilfestellung dienen, um bei der Ideenfindung nicht in eine Sackgasse zu geraten. Parallel dazu wird auf beispielhafte Bauten sowie auf weiterführende Texte über Architektur verwiesen, um bei Interesse die Möglichkeit zu haben, sich mit der vorgestellten Methodik und ihrer Anwendung in der Architektur eingehender zu beschäftigen.

Die Entwurfsparameter bilden ein Gerüst, durch das man sich während der Ideenfindung bewegen kann, um strukturiert relevante Informations und Inspirationsquellen als Hilfestellung für die ersten Entwurfs schritte zu nutzen. Zu Beginn eines Entwurfes kann es hilfreich sein, die bekannten Informationen, Rahmenbedingungen und Wahrnehmungen zusammenzutragen und in ähnlicher Form zu visualisieren. Dadurch werden häufig bisher nicht wahrgenommene Zusammenhänge und Schwerpunkte deutlich. Gleichzeitig können vorhandene (Wissens-)Lücken und Widersprüche erkannt werden.

Im letzten Teil des Buches werden verschiedene Methoden und Übungen vorgestellt, die helfen sollen, die ersten, oft schwierigen Schritte im Entwurfsprozess zu gehen. Im Vordergrund steht dabei die Darstellung individueller Anknüpfungspunkte für die eigene Entwurfsarbeit.

GRUNDLAGEN DES ENTWERFENS

Der Entwurfs-
prozess

Entwerfen ist ein vielschichtiger, oftmals widersprüchlicher, nicht linearer Prozess.

Dies trifft in gleichem Maße für die Entwurfsarbeit geübter wie unerfahrener Architekten zu, da sie das Wesen des Entwerfens offenbart. Das Ziel des Prozesses ist – ganz im Gegensatz zur Aufgabenstellung – zunächst unbekannt. Entwerfen lernen heißt, sich auf die Suche nach Methoden zu begeben, die es ermöglichen, Zusammenhänge und Abhängigkeiten zu erkennen und das Bezugssystem einer Aufgabe zu erfassen, um diese dann mit Hilfe von Wissen, Erfahrung, räumlicher Vorstellungskraft und Kreativität in Architektur umzusetzen.

Bei jedem Entwurf bietet sich die Möglichkeit, mit der neuen Fragestellung auch neue Erkenntnisse zu gewinnen und einen aufgabenspezifischen Prototypen zu kreieren. Entwerfen ist nicht nur das zentrale und alles verbindende Element des Architektenberufs, es ist zugleich auch eine seiner interessantesten Tätigkeiten.

Fragen statt
Antworten

Bei der Annäherung an eine neue Aufgabenstellung ist es wichtiger, die richtigen Fragen zu stellen, als sich vorschnell auf die Suche nach einfachen Antworten zu begeben, die dann gegebenenfalls der Komplexität der Aufgabe nicht gerecht werden. Ein großer Teil dieser Fragen ergibt sich aus dem unmittelbaren Kontext der Aufgabenstellung. Deswegen ist eine intensive Beschäftigung mit den spezifischen Rahmenbedingungen des Entwurfes oder beispielhaften Architekturen eine Erfolg versprechende Möglichkeit der Annäherung an die Aufgabe. Dabei können verschiedene Strategien und Methoden gewählt werden.

Analyse und
Inspiration

Eine häufig angewendete Methode ist die detaillierte Untersuchung und Analyse der wichtigsten Parameter:

_ der städtebauliche und landschaftliche Kontext;
_ die Geschichte des Ortes;
_ die Nutzer- und Nutzungsanforderungen;
_ andere Gebäude in ähnlichen Kontexten und mit ähnlichen Aufgabestellungen.

Aus dem Verknüpfen dieser Informationen und dem Wissen, das aus den Analysen gewonnen wird, lassen sich zumeist vielfältigste Ideen generieren, die dann zu einem Entwurfskonzept führen. Dabei gibt es neben der wissenschaftlichen Analyse durchaus andere, spielerische Untersuchungsmethoden, die durch ihre Unschärfe häufig weniger einengend sind. › Kap. **Methoden der Ideenfindung**

Eine andere Möglichkeit der Annäherung stellt die Suche nach In-spiration und einer Idee an den Anfang des Prozesses. Diese kann sich aus einzelnen Teilaspekten oder Einzelanforderungen der Aufgabe entwickeln oder sogar aus Inspirationsquellen, die in keinem direkten Bezug zur Auf-gabe stehen. › Kap. Methoden der Ideenfindung, Methoden und Strategien In der weiteren Bearbeitung wird diese erste Idee dann Schicht für Schicht mit den anderen Anforderungen und Ebenen des Entwurfes überlagert. Der Entwurf entwi-ckelt sich dabei in Form eines stetigen Transformationsprozesses weiter.

Die Entscheidung, welche Methode die richtige ist, hängt sowohl von der eigenen Arbeitsweise und den individuellen Fähigkeiten als auch von der konkreten Aufgabenstellung ab und kann von Entwurf zu Entwurf eine andere sein. Jeder Student sollte die Möglichkeit wahrnehmen, anhand der unterschiedlichen Aufgaben, mit denen er sich im Verlaufe seines Studiums konfrontiert sieht, unterschiedliche Lösungsansätze und Herangehenswei-sen auszuprobieren, um die Stärken und Schwächen jeder einzelnen Vorge-hensweise selbst zu erkennen und herauszufinden, welche ihm entspricht.

Erfahrungen Für die Ideenfindung sind die eigenen Erfahrungen und Wahrneh-mungen entscheidend. So wächst mit der Übung das Handwerkszeug der Entwurfstechnik, es entwickelt sich ein persönliches Gefühl für den Weg. Das Arbeiten mit Stiften, Computer oder Modellen ist nur Mittel zum Zweck. Der wichtigste Effekt des Übens ist ein geistiger Prozess. Durch das Verlassen gewohnter Pfade und das Ausprobieren neuer Ideen, durch „trial-and-error" wächst die Kreativität und die Vielfalt architektonischer Elemente. Die Entwicklung der Kreativität ist nicht mit dem Studium der Architektur abgeschlossen, es ist ein lebenslanger Prozess, auf den man sich bewusst und intensiv einlassen sollte.

Entscheidend für den Entwurfsprozess können auch äußere Ein-flüsse sein, die nicht direkt mit der Aufgabenstellung zusammenhängen. Wird im Team entworfen, so entstehen Ideen im Diskurs, jeder Einzelne steuert einen Beitrag zum Prozess bei, berät andere und findet seinen Weg. Ähnliches gilt für das Verhältnis zum Bauherrn bzw. bewertenden Betreuer an der Universität. Der gegenseitige Austausch im Prozess hilft dem Einzelnen, über sein eigenes Spektrum hinauszuwachsen; die punk-tuelle Rückmeldung von außen trägt dazu bei, den Prozess nicht zu früh zu beenden und immer wieder neue Impulse zu erhalten. Dadurch werden Erfahrungswerte gesammelt, welche Methoden zum Ziel und welche nicht weitergeführt haben, und jeder Einzelne kann an den Erfahrungen anderer partizipieren. › Kap. Kreativität und Kreativitätstechniken

Architektur räumlich er-leben Wichtige Erfahrungen lassen sich auch durch gebaute Architektur gewinnen. Ein guter Weg, um Ideen und Wege vor dem Hintergrund be-reits existenter Architektur kennen zu lernen, ist das intensive Studium und physische Erleben gebauter Architektur. › Kap. Methoden der Ideenfindung Bücher können helfen, neue Welten zu entdecken, und sind eine Inspira-

Abb.2:
Besichtigungen lassen erkennen, ob Orte
in ihrer Nutzungsintention von den
späteren Nutzern auch angenommen werden.

Abb.3:
Das Erscheinungsbild eines Gebäudes wird
neben der entwurflichen Absicht vor
allem durch die späteren Nutzer geprägt.

tionsquelle während des Studiums. Sie haben jedoch oft einen selektiven Charakter und können Zusammenhänge nicht ganzheitlich darstellen. Bleibende Erinnerungen und somit Erfahrungen lassen sich sammeln, indem mit allen Sinnen ein Gebäude wahrgenommen wird. Man muss es besuchen und räumlich erleben, es in seinem Umfeld und von allen Seiten betrachten. Man muss es anfassen, fühlen und sehen, wie Menschen es benutzen. › Abb. 2 Erst dann entsteht ein vollständiges Bild des Gebäudes, das Rückschlüsse auf und Erkenntnisse für die eigene Arbeit zulässt. Nur durch das eigene, individuelle Erfahren eines Bauwerks lässt sich eine bleibende und nachhaltige Wirkung für die eigene Arbeit gewinnen. › Abb. 3

\\ Tipp:
Es ist empfehlenswert, so viel gebaute Architektur anzusehen wie möglich. Das beginnt mit
Gängen durch die eigene Stadt, auf denen beispielsweise die Häuser in der Einkaufs- oder
Wohnstraße bewusst betrachtet und analysiert
werden können. So entsteht ein Gefühl für das
eigene Umfeld. Ebenso wichtig sind die Bauten
bekannter Architekten. Exkursion im oder nach
dem Studium, Städtetouren und kurze Stopps
auf einer Fahrt lassen immer Raum, sich die
bekannte Architektur einer Region oder Stadt
anzusehen.

Aus der Erfahrung im Umgang mit Entwurfsaufgaben und der Reflexion gebauter Architektur entwickelt sich allmählich eine eigene Haltung, wie mit einer Entwurfsaufgabe umzugehen ist. Der Begriff Entwurfshaltung meint dabei den bewussten Umgang mit dem eigenen Entwerfen und der Umsetzung von Entwürfen in die gebaute Realität. Dies muss nicht ein ausgefallener und wieder erkennbarer Stil im Sinne einer prägnanten Architektursprache sein. Vielmehr ist die Entwurfshaltung der rote Faden durch das eigene Werk, der sich aus dem Umgang mit Entwurfsaufgaben und Projekten ergibt.

Häufig entwickelt sich die Entwurfshaltung in direkter Beziehung zur eigenen Persönlichkeit und beschränkt sich nicht nur auf den Umgang mit Architektur, sondern ist vielmehr Ausdruck einer ganz persönlichen Sicht der Dinge und steht in Beziehung zu einem übergeordneten gesellschaftlichen Kontext oder Weltbild. Die Entwicklung einer Entwurfshaltung ist daher ein individueller Reifeprozess und lässt sich weder erzwingen noch künstlich erschaffen. Gerade wer sich im Studium mit Architekturästhetik und den Entwurfshaltungen bekannter Architekten zu beschäftigen beginnt, sucht nach Vorbildern und Ansätzen, die zur Identifikation einladen und für die eigene Person adaptierbar erscheinen. Es ist hilfreich, begangene Wege und Haltungen nachzuvollziehen und an eigenen Studiumsentwürfen auszuprobieren und zu erleben. Nur so lassen sich Erfahrungswerte mit anerkannten und bekannten Entwurfswelten aufbauen. Andererseits sollte man sich keinem Dogma unterwerfen, das die eigene Entfaltung und Entwicklung hemmt und in bestimmte Bahnen zwängt.

Abb.4:
Beobachtungen zur Frequentierung eines
öffentlichen Platzes

Abb.5:
Tageszeitabhängige Lichtstimmung und
Beschattung einer Ruhezone

ENTWERFEN IM KONTEXT

Jeder Entwurf entsteht in seinem eigenen, spezifischen Kontext. Dazu gehören der Bauplatz und dessen Umgebung, aber auch gesellschaftliche und soziokulturelle Einflüsse.

Steht die Beschäftigung mit dem Ort am Anfang des Prozesses, muss das Ergebnis nicht zwangsläufig eine Anpassung an die Gegebenheiten des Umfeldes sein. Alternativ kann ein Gegenpol oder eine individuelle Position definiert werden. Wichtig ist dabei, sich intensiv mit dem Ort zu beschäftigen, um die Wirkung der Entscheidungen abschätzen zu können. Je nachdem, ob das Grundstück eher in einem ländlichen oder einem städtischen Umfeld liegt, überwiegen dabei natürliche oder anthropogene Einflüsse.

Präsenz vor Ort — Eine intensive Beschäftigung mit dem Ort und seinem Umfeld ist in den meisten Fällen eine große Hilfe bei der Suche nach einer Entwurfsidee. Insbesondere Grundstücke mit stark ausgebildeter Topografie sollten durch Skizzen, Aufmaße und Besuche dreidimensional erfasst werden. Entwurfsansätze sind immer wieder vor Ort zu überprüfen. Sind Blickbeziehungen oder Bezüge in der Umgebung zu finden, sollte auch hierfür ausreichend Zeit vor Ort investiert werden.

Umgebungsmodell — Bei größeren landschaftlichen Zusammenhängen oder bei stark prägenden Topografien hat es sich bewährt, ein Modell von der Umgebung unter Berücksichtigung der Höhensituationen zu bauen. So lassen sich erste Entwürfe in ihrer umgebungsräumlichen Wirkung am Modell prüfen und weiterentwickeln. Dabei ist es sinnvoll, vor Ort mögliche Sichtbeziehungen zu erfassen und den Modellbereich entsprechend zu wählen. › Abb. 6 Bei großmaßstäblichen Zusammenhangen wie Stadtstrukturen oder Blickbeziehungen zwischen Gebäude und Umgebung sollten auf dem Umgebungsmodell alle wichtigen Bezüge mit dargestellt werden. › Abb. 7 Auch sind bei Entwürfen im städtischen Gefüge stadträumliche Analysen der weiteren und näheren Umgebung sinnvoll, um so ein Gefühl für den Ort zu

---

\\ Tipp:
Es ist sinnvoll, sich zu verschiedenen Tageszeiten am späteren Bauplatz aufzuhalten und den Alltag dort zu beobachten. Wo laufen Passanten, welche Blickwinkel haben sie? Welche Bereiche sind ruhig, welche dem Straßenlärm ausgesetzt? Welche Stimmungen entstehen, wie verändert sich das Licht im Laufe des Tages (siehe Abb. 4 und 5)?

Abb.6:
Umgebungsmodelle: Architektur im landschaftlichen Kontext

Abb.7:
Umgebungsmodelle: Architektur im städtischen Kontext

entwickeln. Dies können Schwarzpläne, Bebauungsstrukturen, Wegebeziehungen, Platzgefüge, Grünschneisen und vieles mehr sein. › Abb. 8 Über den genannten Nutzen hinaus ermöglicht der Bau eines Umgebungsmodells die großräumliche Annäherung an den Ort von allen Seiten, wobei Zusammenhänge entdeckt werden können, die oft vom Grundstück selbst aus nicht sichtbar sind.

Die Beschäftigung mit dem Ort trägt dazu bei, ein Verständnis für die ungeschriebenen Regeln, die die Situation am Ort prägen, zu erlangen. So entstehen Systematiken, Abhängigkeiten und Beziehungen der Ortselemente untereinander und bilden eine Struktur als Entwurfsgrundlage. In diese Struktur kann sich der Entwurf harmonisch einfügen, oder er interpretiert sie mit alternativen Ansätzen. Ebenso kann eine bewusste Konfrontation gesucht oder ein von den Strukturen unabhängiger Entwurfsansatz herausgearbeitet werden. Wichtig ist, dies auf Basis eines gewachsenen Verständnisses für den Ort zu tun. Sucht das entwerferische Handeln die Konfrontation mit der Umgebung, so geschieht dies dann durch bewusste Abwägung und wird dadurch nachvollziehbar.

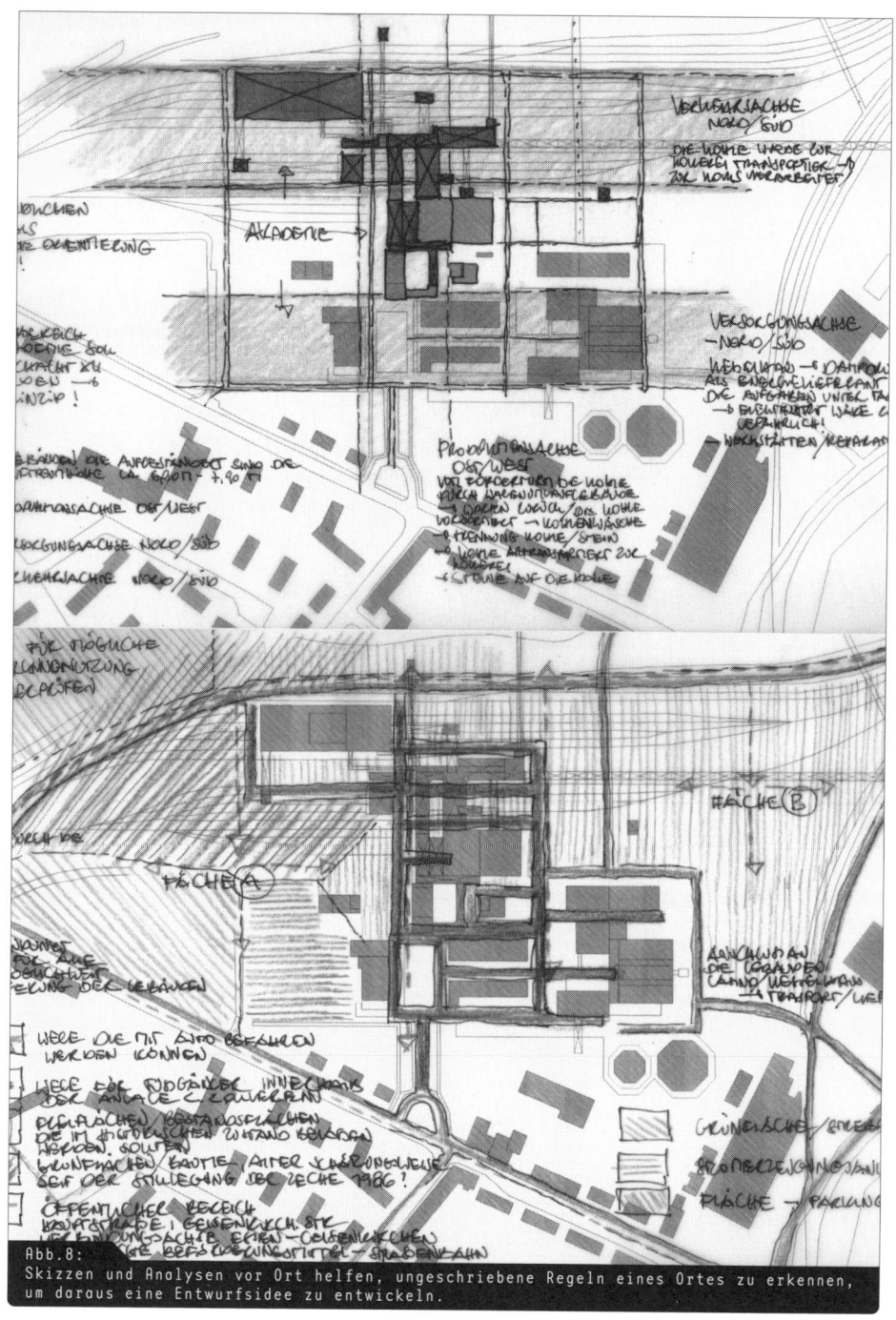

Abb.8:
Skizzen und Analysen vor Ort helfen, ungeschriebene Regeln eines Ortes zu erkennen, um daraus eine Entwurfsidee zu entwickeln.

17

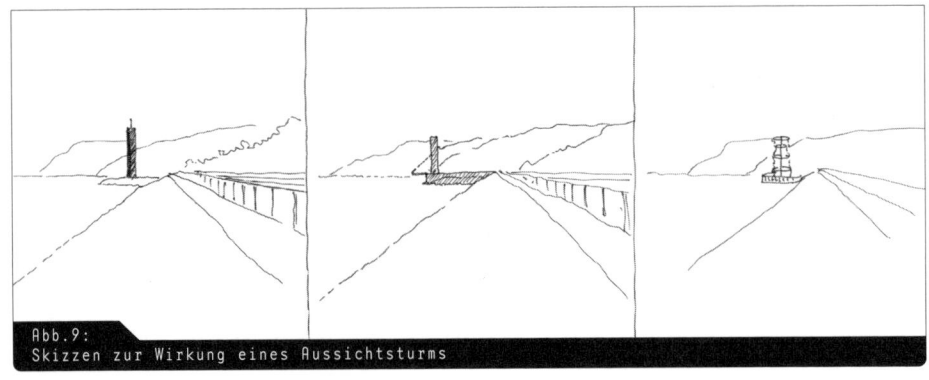

LANDSCHAFTLICHE UND KLIMATISCHE BEZÜGE

Geht man auf eine grundstücksübergreifende landschaftliche Situation ein, erschließt sich die gesamte Bandbreite der Möglichkeiten, von der Formulierung einer prägenden Landmarke bis hin zur Reduktion und Einpassung der sichtbaren, gebauten Masse in die Umgebung.

Topografie

Grundlage der Verortung eines Entwurfs ist die Topografie des zu bebauenden Grundstücks. Es kann völlig eben, geneigt, terrassiert, mit unterschiedlichen Staffelungen versehen oder wellig sein – immer hat seine Topografie Auswirkungen auf das Gebäude und die spätere Beziehung zwischen außen und innen. Die Geländebeschaffenheit kann auch die Höhensystematik im Innern des Gebäudes prägen. › Abb. 10 So können Geländeversprünge im Gebäude fortgesetzt werden, oder die Eingangssituation kann mit der Zuwegung zum öffentlichen Straßenraum entsprechend positioniert werden. › Kap. Entwerfen im Kontext, Städtebaulicher und baulicher Kontext Natürlich lässt sich ein Gelände auch modellieren, wenn es der Entwurf in Teilbereichen notwendig macht. Grundsätzlich kann ein Gebäude auf die Topografie eingehen, sogar mit ihr spielerisch verknüpft sein, es kann sich aber auch bewusst gegen sie entscheiden und in sich eine Einheit bilden, die unabhängig von der Topografie funktioniert, um eine klare Trennung zwischen landschaftlich geprägter Umgebung und dem baulichen Eingriff zu vollziehen.

Höhensituation des Grundstücks

Wenn sich Höhenunterschiede über einem Geschoss ergeben oder Höhenversprünge auf dem Grundstück existieren, stellt sich die Frage, wie das Gebäude in seiner internen Struktur auf die Höhensituation reagieren bzw. wie der Innenraum mit der Umgebung in Beziehung treten soll.

Ein Gebäude kann sich auf einem Hanggrundstück in den Berg eingraben, über dem Hang schweben, sich ihm durch Staffelung anpassen oder dem Hang eine Veränderung aufzwängen. › Abb. 11 Immer ergeben sich

18

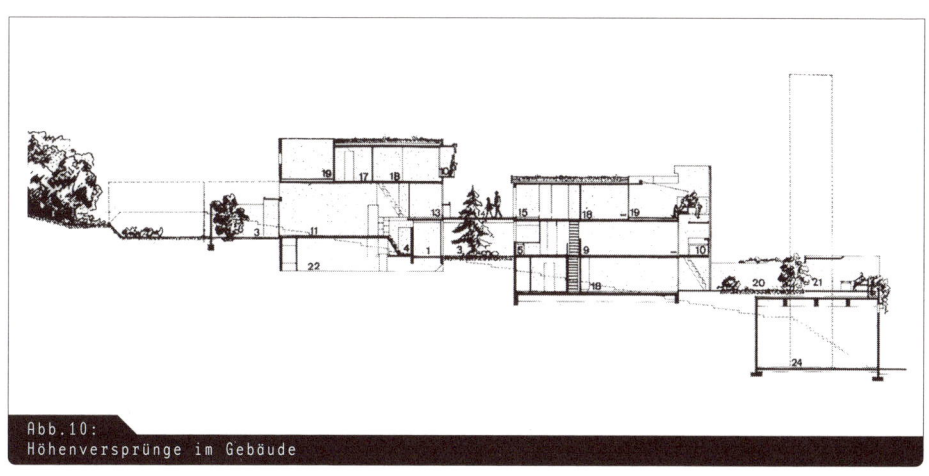

Abb.10:
Höhenversprünge im Gebäude

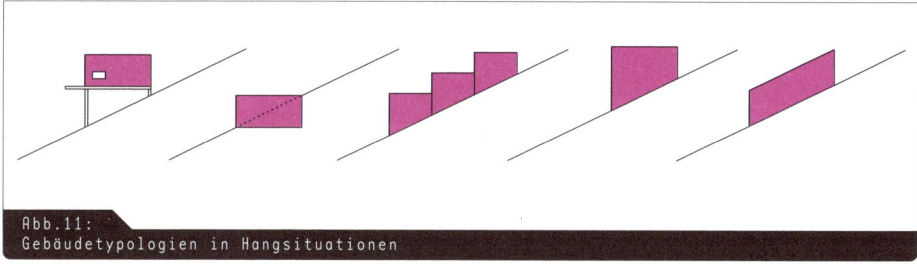

Abb.11:
Gebäudetypologien in Hangsituationen

vielfältige Wechselwirkungen zwischen außen und innen. Die Eigenheiten der Topografie ermöglichen gerade bei komplizierten Grundstücken oft interessante Ansätze für eine Entwurfsidee. › Abb. 12 Wenn das Grundstück weite Blickbeziehungen mit der umgebenen Landschaft eingeht, sollte man erforschen, wie und von welchen Blickwinkeln aus das Gebäude später wahrgenommen werden wird und welche Bezüge zur oder in die Landschaft interessant sein könnten. › Kap. Entwerfen im Kontext, Städtebaulicher und baulicher Kontext

Klimagerechtes Bauen

Neben der Topografie des Grundstücks ist die Beschäftigung mit den klimatischen Bedingungen eine weitere Möglichkeit, einen Entwurfsansatz zu entwickeln. Je nach Klima der Region ist es sinnvoll, Orientierung und Organisation des Gebäudes im Bezug zur Sonne unterschiedlich auszuformulieren. Das Gebäude kann zur Sonnenseite geöffnet werden, um solare Energie in das Gebäude zu bringen und dort zu speichern, oder es kann sich zur Sonne schließen, um hohe Temperaturen aus dem Gebäude fernzuhalten.

Darüber hinaus können Bauweise und Materialien wie die Gebäudeform auf die makro- und mikroklimatischen Gegebenheiten des Ortes reagieren. An vorwiegend heißen Orten können Gebäude in schwerer Bauweise
erstellt oder in den Boden eingegraben werden, um die Speichermasse des
Materials oder des Bodens zur Kühlung zu nutzen oder um auf die vorherrschende Windrichtung zu reagieren, so dass eine natürliche Querlüftung
des Gebäudes ermöglicht wird. In gemäßigten Klimazonen kann man hingegen das Verhältnis der Außenfläche zum Volumen (A/V-Verhältnis) des
Gebäudes optimieren, um die Transmissionswärmeverluste so gering wie
möglich zu halten oder die Besonnung der Fassaden zu optimieren.

STÄDTEBAULICHER UND BAULICHER KONTEXT

In einem anthropogenen – d.h. durch den Menschen geprägten – Umfeld sind für den Entwurf meist die zivilisationsbedingten Einflüsse be-
stimmender als die natürlichen. Sie können im Rahmen einer eingehenden
Analyse des Umfeldes untersucht werden, um so gegebenenfalls Entwurfsansätze zu entwickeln.

In der Regel existieren Nachbarhäuser, Straßen oder Bäume, die Bezugspunkte in der Umgebung bilden. Eventuell sind auf dem Grundstück
weitere Gebäude vorhanden, die mit in die Planung einzubeziehen sind.
Grenzen Gebäude an das zu bebauende Grundstück, ist zu klären, ob direkt
angebaut werden darf oder sogar muss. Bei hoher Dichte in einer Block-
randbebauung stellt sich die Frage, ob die Kubaturen der Nachbargebäude
aufgenommen werden sollen. Eventuell müssen in einer Baulücke auch
unterschiedliche Höhen der angrenzenden Gebäude berücksichtigt und interpretiert werden. › Abb. 13 Stehen Gebäude als Einzelhäuser entlang einer

Abb.13:
Gebäude sind auch über ihre Dachform und -ausbildung prägend für das Stadtgefüge

Straße, sind in der Regel auch aus dieser Tatsache Systematiken zu entnehmen, auf die zurückgegriffen werden kann oder die bewusst konterkariert werden. Typische Parameter einer solchen Untersuchung sind:

_ Dachform
_ Orientierung der Gebäude
_ Abstand zwischen Straße und Gebäuden
_ Material
_ Öffnungsarten und Öffnungsgrößen

Umgang mit dem Bestand

Der größte Teil zukünftiger Bauaufgaben wird sich nicht mehr mit Neubau auf der grünen Wiese beschäftigen. Vielmehr sind immer häufiger Ideen und Konzepte zum Umgang mit der bestehenden Bausubstanz gefragt, was dem Entwerfenden die Möglichkeit eröffnet, aus der architektonischen Differenzierung zwischen Alt und Neu vielfältigste Ansatzmöglichkeiten abzuleiten: Bestehende Gebäude werden umgenutzt und den heutigen Bedürfnissen angepasst; sie können transformiert und in eine völlig neue Identität überführt werden; Teile von Bebauungen (denkmalgeschützte Bauten, nutzungsneutrale Gebäude usw.) oder einzelne Bauteile (Fassade, Konstruktion usw.) können erhalten und ergänzt werden. › Abb. 14 Der Bestand kann auch komplett abgebrochen werden, um für eine neue Nutzung Platz zu machen, die sich nur mit unverhältnismäßigem Aufwand in die alten Strukturen implementieren ließe. Dabei ist die Beschäftigung mit der Ablesbarkeit der Eingriffe ein wichtiges Thema: Sollen Alt und Neu als zwei klar ablesbare Teile voneinander unabhängig sein oder in einen architektonischen Dialog treten? Ist eine weitgehende Einheitlichkeit der Bebauung anzustreben, oder liegt die Qualität vielmehr in der Betonung der Unterschiedlichkeit? › Abb. 15 Bei solchen Entscheidungen ist immer auch abzuwägen, ob ein Abriss aus ökonomischer wie auch aus ökologischer

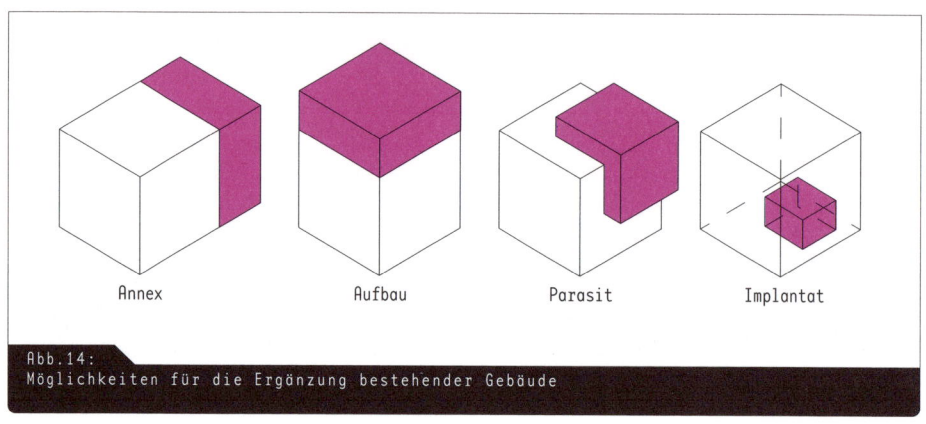

Annex Aufbau Parasit Implantat

Abb.14:
Möglichkeiten für die Ergänzung bestehender Gebäude

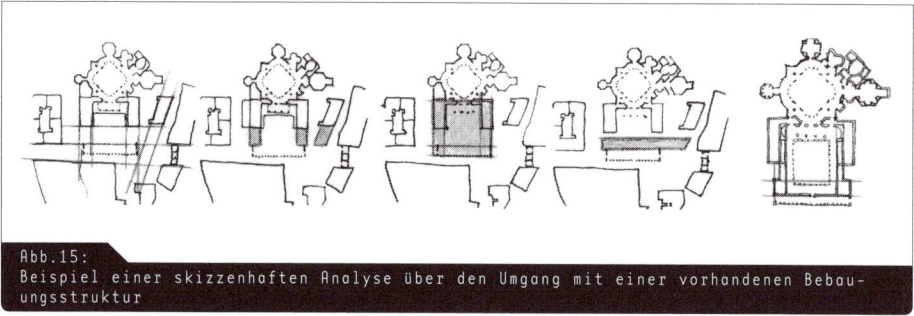

Abb.15:
Beispiel einer skizzenhaften Analyse über den Umgang mit einer vorhandenen Bebauungsstruktur

und kultureller Sicht zu rechtfertigen oder sogar notwendig sein könnte.

> **Kap. Entwerfen im Kontext, Gesellschaftliche und soziokulturelle Bezüge**

Städtebauliche
Vorgaben

Um städtischen Wildwuchs und die Auflösung gewachsener Strukturen zu vermeiden, werden in den meisten Staaten mehr oder weniger präzise städtebauliche Vorgaben zur Bebaubarkeit von Grundstücken gemacht. Dies können sein:

_ Einschränkung bzw. Festlegung der Bau- und Geschossfläche
_ Baulinien und Baugrenzen, innerhalb derer gebaut werden kann oder muss
_ Anzahl der Geschosse
_ Vorgabe von Dachformen und Bauweisen
_ Erschließungsfestlegungen
_ Abstandsflächen zu anderen Gebäuden oder Grundstücksgrenzen
_ Der Schutz von Bestandsbäumen

Hat der Entwurf ein reales Gebäude zum Ziel, so müssen die Vorgaben in der Regel eingehalten werden. Daher ist es notwendig, sich möglichst früh mit den städtebaulichen Rahmenbedingungen auseinanderzusetzen, um einen realisierbaren Entwurf entstehen zu lassen. Andererseits besteht aber die Gefahr, dass die Kenntnis von Rahmenbedingungen mit geringem Spielraum die Kreativität im Entwurfsprozess stark einschränkt. Mit welchen Details man sich in welcher Tiefe beschäftigt, ist daher immer vor dem Hintergrund zu sehen, einen guten Mittelweg zwischen freier Ideenfindung und Realisierbarkeit zu finden.

Städtebauliche Bezüge und Achsen

In städtisch verdichteten Umgebungen existieren oft Bezüge und Strukturen als übergeordnete städtebauliche Prinzipien, nach denen die Umgebung mehrheitlich gestaltet wurde. › Abb. 16, 17 Im Rahmen einer städtebaulichen Analyse kann es sinnvoll sein, sich mit der Rolle und der Bedeutung, die das Gebäude durch seine Nutzung und Funktion im städtischen Gefüge und in seiner direkten Umgebung einnehmen soll, auseinanderzusetzen und daraus städtebauliche Grundfiguren abzuleiten, die dann als Ausgangspunkt für weitere Untersuchungen dienen können.

Stehen die benachbarten Gebäude beispielsweise vom Straßenrand zurückversetzt, kann durch ein vorgerücktes Gebäude eine städtebauliche Betonung oder durch ein Rücksetzen eine Vorplatz- bzw. eine Hofsituation inszeniert werden. Werden Achsen und Kubaturen aufgenommen, weil z. B. die Umgebungssituation bereits einige dominierende Einzellösungen

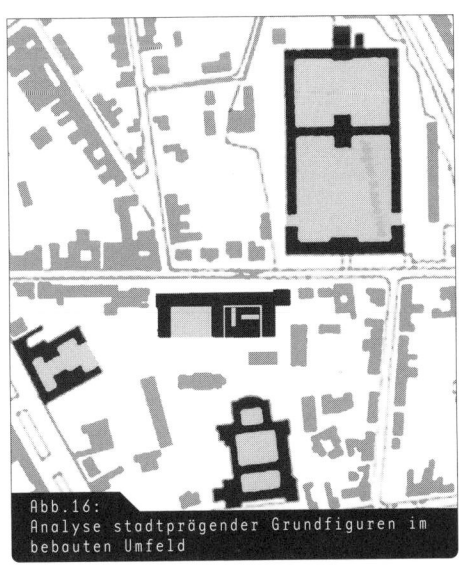

Abb. 16:
Analyse stadtprägender Grundfiguren im bebauten Umfeld

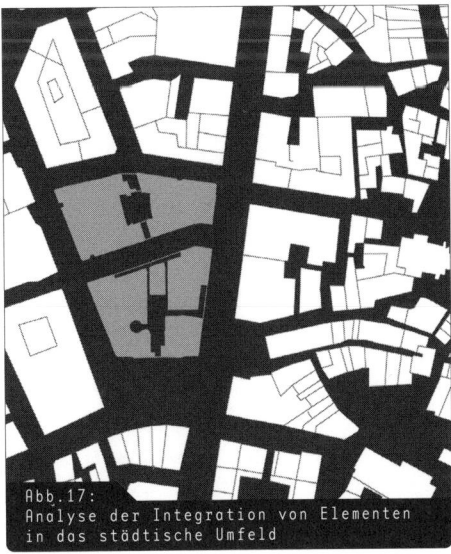

Abb. 17:
Analyse der Integration von Elementen in das städtische Umfeld

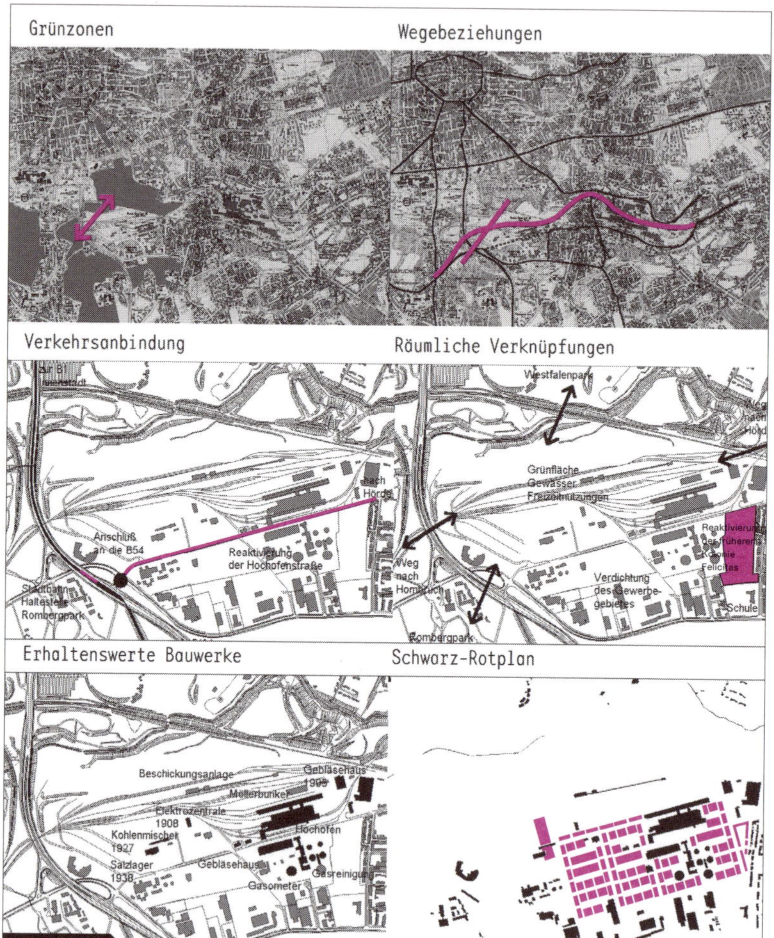

Grünzonen

Wegebeziehungen

Verkehrsanbindung

Räumliche Verknüpfungen

Erhaltenswerte Bauwerke

Schwarz-Rotplan

Abb.18:
Ortsanalyse für die Planung auf einer alten Industriebrache

\\Tipp:
Auf Grundlage eines Umgebungs-, Kataster- oder
Stadtplans lassen sich neben der Untersuchung
vor Ort diverse Analysen vornehmen (siehe
Abb. 18). So können z.B. durch einen Schwarz-
plan, in dem lediglich die Baumasse der Umgebung mit schwarzen Füllflächen dargestellt
wird, städtische Gebäudestrukturen und Frei-
flächen erkannt oder anhand eines Wegeplans
Beziehungen hergestellt werden (siehe Abb. 19).

\\Hinweis:
Zur Gestalt und Typologie von Plätzen und öf-
fentlichen Räumen ist das Buch *Der Städtebau
nach seinen künstlerischen Grundsätzen* von
Camillo Sitte zu empfehlen, erschienen im
Birkhäuser Verlag, 2002.

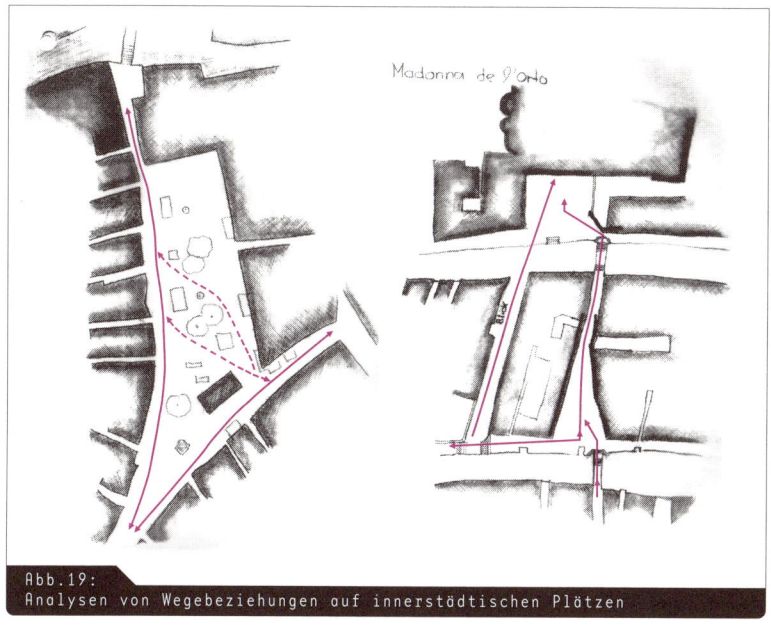

Madonna de l'Orto

Abb. 19:
Analysen von Wegebeziehungen auf innerstädtischen Plätzen

enthält, gliedert sich das Gebäude ein und erzeugt eine städtebaulich zurückhaltende Lösung.

Je nach Umgebung des Entwurfsgrundstücks können wichtige Bezugspunkte oder Solitäre die Grundlage für Maßbezüge und Achsen bilden: Ein asymmetrischer Platz bietet verschieden winklige Ränder, eine gegenüberliegende, orthogonal angeordnete Straße erzeugt eine Blickachse auf das Gebäude, oder es soll ein Gegenüber zu einem stadträumlich bedeutenden Element geschaffen werden. In städtischen Umgebungen existieren vielfältige Möglichkeiten, mit der Umgebung per Entwurf zu kommunizieren.

> ◫
**Erschließung
des Grundstücks
und des Gebäudes**

In der Regel ist vorgegeben, von wo aus und wie ein Grundstück erschlossen wird. Meist liegt es bereits an einer Straße oder hat zumindest eine Zuwegung dorthin. Unabhängig von funktionellen Anforderungen bestimmt die Zuwegung die Wahrnehmung des Hauses von Nutzern, Besuchern und Passanten. › Abb. 20 Es stellt sich die Frage, wie der Entwurf bei der Annäherung an das Gebäude wirkt bzw. wirken soll. › Kap. Entwerfen im Kontext, Gesellschaftliche und soziokulturelle Bezüge

Ein wichtiger Aspekt dabei ist die Höhe der Straße zur Eingangsebene. Liegt sie unterhalb des Straßenniveaus, wirkt die Zuwegung oft eher als untergeordneter Eingang; liegt sie deutlich höher, wird der Eingang möglicherweise als erhaben oder sogar Respekt einflößend empfunden. Wird ein

25

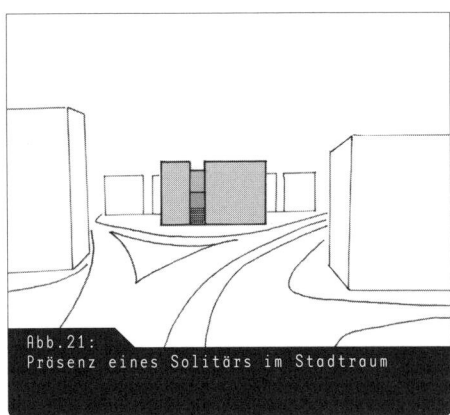

Gebäude dagegen über einen vorgelagerten Platz erschlossen, erscheint es eventuell bedeutender, vermittelt zugleich aber auch Distanz. Befindet sich der Eingang in einer Hofsituation, resultiert daraus eine Abwendung vom öffentlichen Raum, zugleich aber auch die Schaffung eines gemeinschaftlichen Vorbereiches für die Gebäude. › Abb. 21, 22 Ein ebenerdiger Zugang für Rollstuhlfahrer sollte zumindest für Gebäude mit öffentlichen Nutzungen berücksichtigt werden.

Orientierung

Neben der Kubatur bzw. der Position des Gebäudes auf dem Grundstück und seiner Erschließung ist auch die Orientierung des Gebäudes von Bedeutung. Ein Gebäude kann in seiner Gesamtheit geschlossen und massiv oder transparent und nach allen Seiten offen wirken. › Abb. 23 Beide

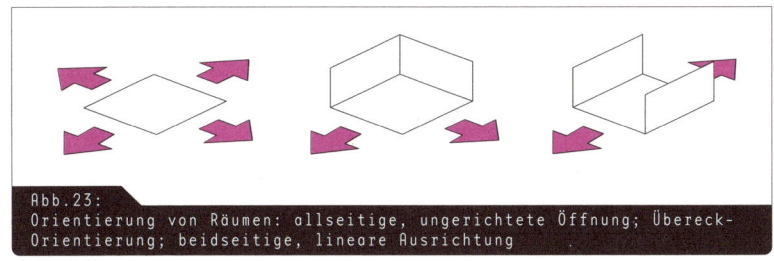

Abb.23:
Orientierung von Räumen: allseitige, ungerichtete Öffnung; Übereck-Orientierung; beidseitige, lineare Ausrichtung

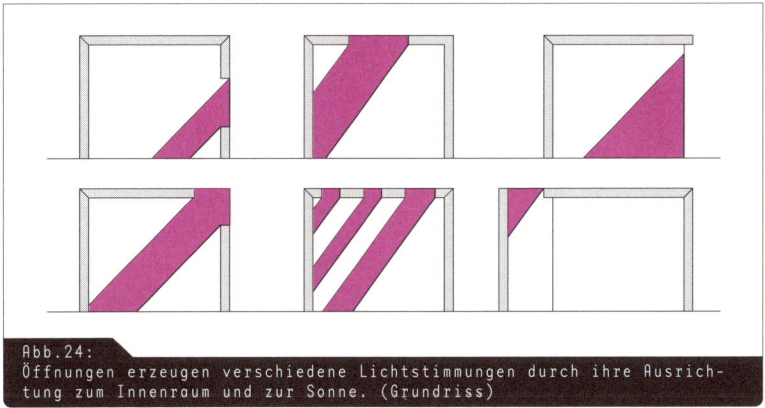

Abb.24:
Öffnungen erzeugen verschiedene Lichtstimmungen durch ihre Ausrichtung zum Innenraum und zur Sonne. (Grundriss)

Varianten sind jedoch ungerichtet, d.h., sie vermitteln diese Wirkung zu allen Seiten des Gebäudes.

Je nach Grundstückssituation ergibt sich möglicherweise der Wunsch, mit einzelnen Seiten des Gebäudes unterschiedlich zu verfahren. Ein Grund dafür kann die Orientierung des Gebäudes zur Sonne sein, auch die unterschiedlichen Anforderungen der Räume an die Belichtung sind bedeutsam. › Abb. 24 und Kap. Entwerfen im Kontext, Landschaftliche und klimatische Bezüge Während in gemäßigten Klimazonen die Orientierung des Wohnraums zur Sonne als Vorteil empfunden wird, kann sie bei einem Künstleratelier oder Museum nachteilig sein, da dort meist gleichmäßiges, ungerichtetes Nordlicht benötigt wird.

Andere Bezüge können im baulichen Umfeld liegen. So kann die Straßenseite laut und belebt sein, so dass eine Wohnfunktion und deren Rückzugsbereich vor ihr zu schützen ist. Vielleicht besitzt die rückwärtige Gebäudeseite freie Blickbeziehungen in einen Park, den man aus dem Inneren des Gebäudes erleben möchte. Grundsätzlich sollten möglichst viele Wohnungen von einer besonderen Qualität wie einem Bezug zum Wasser

27

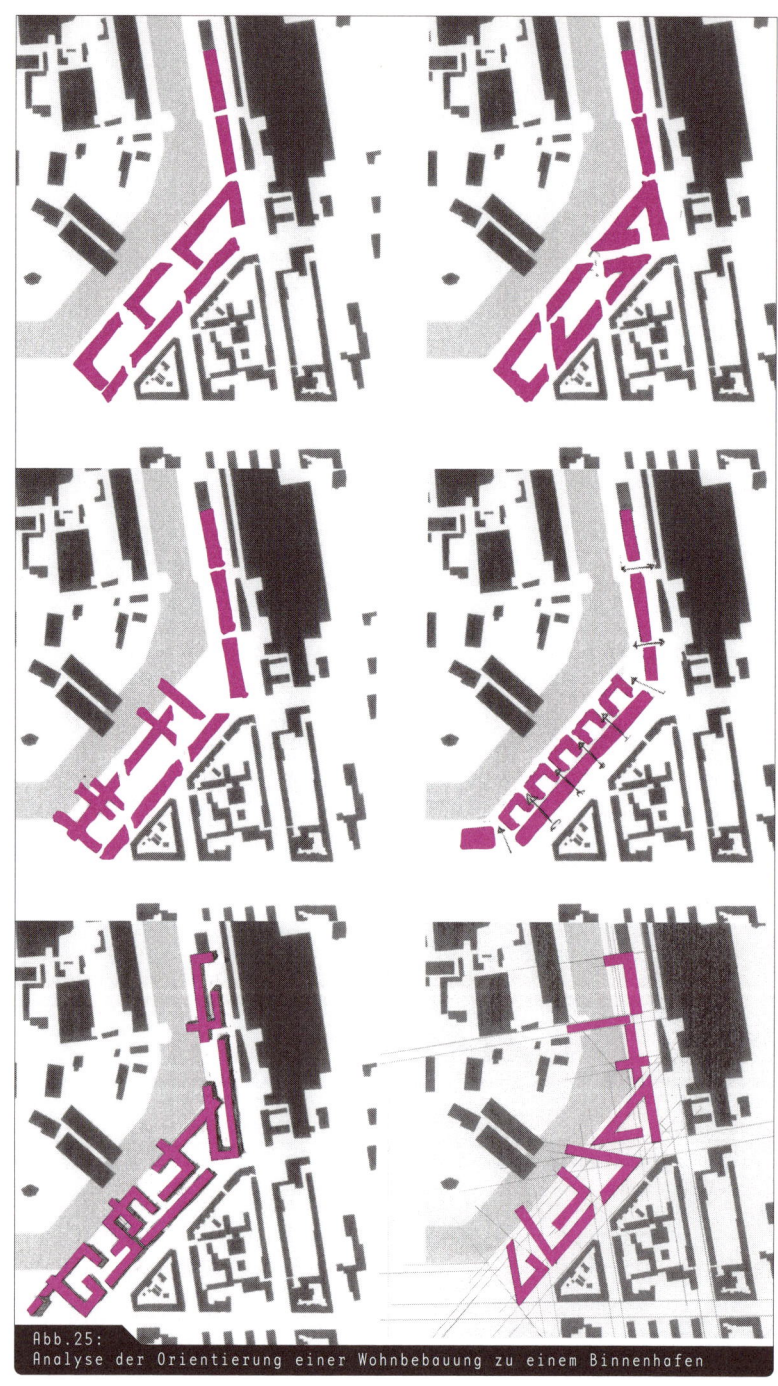

Abb.25:
Analyse der Orientierung einer Wohnbebauung zu einem Binnenhafen

28

Abb.26:
Inszenierte Blickbeziehungen in den Außenraum

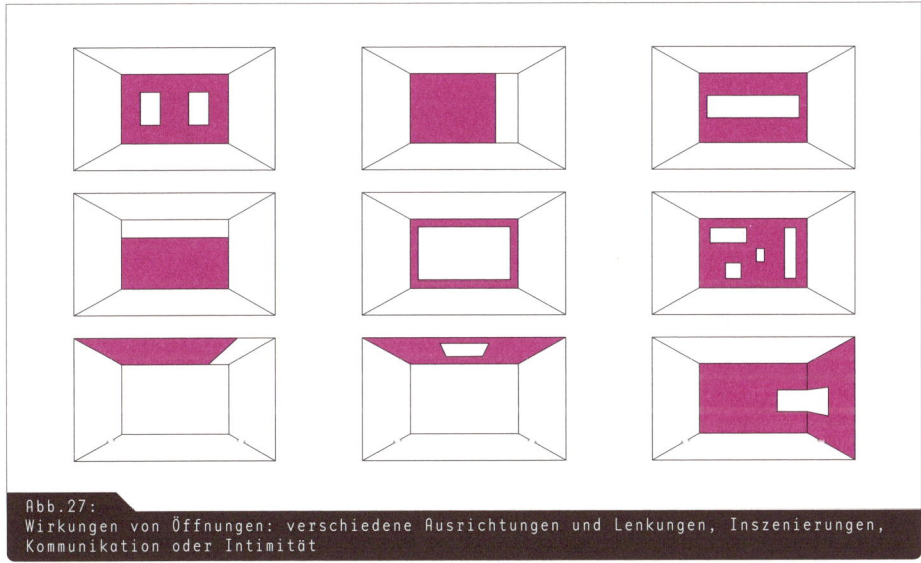

Abb.27:
Wirkungen von Öffnungen: verschiedene Ausrichtungen und Lenkungen, Inszenierungen, Kommunikation oder Intimität

profitieren. › Abb. 25 Aus derartigen Situationen resultieren gerichtete Beziehungen, aus denen sich ortsbezogene Entwurfsansätze ergeben können. Dies kann beispielsweise eine vollflächig verglaste Wand sein, die eine besondere Aussicht in einem sonst geschlossenen Raum hervorhebt; vielleicht sind es aber auch kleine Fenster, die einzelne Ausschnitte der Umgebung als gesamtheitliche Komposition wiedergeben. › Abb. 26, 27

Aus der Beziehung zwischen innen und außen lassen sich eventuell Grundsätze für das Gebäude entwickeln, die von geschlossen und introvertiert bis hin zu offen und interagierend reichen. So ist ein gläserner

Abb.28:
Einbeziehung des Außenbereichs in einen kirchlichen Raum und dessen Nutzung

Abb.29:
Glasflächen können sowohl Interaktion (durch Transparenz) als auch Verschlossenheit (durch Reflexion) vermitteln.

Wohnpavillon in einer dichten städtischen Umgebung aufgrund fehlender Intimität nur schwer zu realisieren, in einer weiten, menschenleeren Landschaft aber vielleicht ein guter Ansatz, weil das Gebäude als minimaler Eingriff in die Landschaft mit dieser in einen Dialog eintritt.

Interaktion von Gebäude und Umgebung Soll eine Beziehung zum Umfeld hergestellt werden, kann dies sowohl über die Wahrnehmung des Gebäudes von außen wie auch durch die Beziehung zwischen Innen- und Außenraum erfolgen. So kann ein Panoramafenster einen schönen Talblick betonen oder eine interessante Blickachse durch ein bewusst gesetztes Fenster für den Innenraum als Element wirksam werden. Ein Gebäude kann auch um einen prägnanten Baum herumgebaut werden, der damit Teil des Innenraums wird. › Kap. Entwerfen im Kontext, Landschaftliche und klimatische Bezüge

Dabei ist die Differenzierung zwischen einer möglichst kompletten Öffnung oder Schließung eines Raumes zum Außenraum durch vollflächige Verglasungen und den Einsatz gezielter Ein- und Ausblicke ein wichtiges Gestaltungsinstrument für unterschiedliche Raumerlebnisse. › Abb. 28, 29 und Kap. Entwurf und Funktion, Eingehen auf die Nutzer

Auch sind Höhenentwicklungen und Blickbeziehungen über das eigentliche Innere des Gebäudes hinaus wichtig für die Konzeptfindung. Befinden sich vor Einblicken ungeschützte Aufenthaltsflächen im Außenbereich, verlieren diese aufgrund fehlender Intimität schnell an Aufenthaltsqualität; andererseits kann ein interessanter Ausblick von einem geschützten Bereich aus oder die Einbeziehung eines privaten Außenraums durch die optische Aufhebung der Trennung zwischen innen und außen den Raumeindruck sehr stark verändern. › Abb. 30, 31

So sollte nicht nur das Gebäude an sich betrachtet werden, sondern möglichst das Zusammenspiel zwischen Grundstück, Gebäude und Nutzung. Viele ortsbezogene Elemente wie die Verschattung durch angrenzende Bebauungen, die Besonnung zu unterschiedlichen Tages- und Jahreszeiten, das Zulassen oder Verhindern von gezielten Aus- und Einblicken können Einfluss auf den Entwurfsansatz haben, was verdeutlicht, dass ein Entwurf immer in einer engen Wechselwirkung mit dem Ort und den vielfältigen Anforderungen entsteht.

Abb.30:
Innenraum mit fließendem Übergang zum Außenraum

Abb.31:
Sichtgeschützter privater Außenraum mit Ausblick

GESELLSCHAFTLICHE UND SOZIOKULTURELLE BEZÜGE

Viele Aspekte, die die menschliche Wahrnehmung von Architektur bestimmen, wurden in den vorangegangenen Kapiteln schon angesprochen. Grundsätzlich ist immer zwischen der eigentlichen Sinneswahrnehmung und ihrer Verarbeitung im menschlichen Gehirn zu unterscheiden. Selbst wenn die Sinneswahrnehmung die gleiche ist, erfolgt die Verarbeitung durch unsere individuellen Denkmuster auf unterschiedliche Art und Weise. Diese Denkmuster sind stark geprägt durch persönliche Erfahrungen sowie durch unseren gesellschaftlichen und kulturellen Kontext. Auf diese Weise erklärt sich die oft sehr unterschiedliche Wahrnehmung eines Ereignisses oder auch eines Gebäudes durch verschiedene Personen. Die Wahrnehmung ist grundsätzlich nicht objektivierbar, auch wenn durch gewisse Zuweisungen durch die überwiegende Mehrzahl der Menschen eine „objektivierte Subjektivität" entsteht. Diese beschränkt sich zumeist auf einen engen gesellschaftlichen, zeitgeschichtlichen und kulturellen Rahmen, da wir durch unsere Bildung auch in großem Umfang ästhetisch sozialisiert und geprägt werden. Vor diesem Hintergrund liefert die Beschäftigung mit dem geschichtlichen, gesellschaftlichen und kulturellen Hintergrund einer Aufgabenstellung oft wichtige Erkenntnisse und ist zugleich eine Inspirationsquelle bei der Ideenfindung.

Historische Bezüge Die Beschäftigung mit dem Ort beschränkt sich nicht auf die direkte räumliche Auseinandersetzung. Jede bauliche Maßnahme ist immer auch eine Reaktion auf die Geschichte des Ortes und gestaltet zugleich dessen Zukunft mit. Die Gestaltung und Veränderung einer bestehenden Situation ist ein Eingriff, der zwangsläufig von der Umwelt als Teil eines kontinuierlichen Prozesses wahrgenommen wird. Gebäude werden gebaut und ihrer Nutzung zugeführt. Sie werden umgenutzt, umgebaut oder weitergebaut, abgerissen und wieder aufgebaut oder recycelt, manchmal stehen sie leer und verfallen. › Abb. 32 Ihre Nutzung hat häufig auch eine geschichtliche Bedeutung – unabhängig davon, ob es die Geschichte ist, die man später in Büchern nachlesen kann oder ob es persönlichere Geschichten sind, die Menschen mit gewissen Orten verbinden. Wenn es gelingt, Bezüge zur Geschichte eines Ortes aufzubauen, können vielfältigste Ansätze zur Entwicklung einer Entwurfsidee gewonnen werden. Dabei ist es gleichermaßen möglich, sich auf kollektive Erinnerungen – Spuren, die ein Ort im Gedächtnis einer ganzen Gesellschaft hinterlassen hat – zu beziehen wie auch auf ganz persönliche Geschichten des Bauherrn oder vorherige Nutzungen des Grundstücks. › Abb. 33 Ebenso können eigene Erfahrungen und Erlebnisse in einer ersten Idee verarbeitet werden, um so einen persönlichen Zugang zur Thematik zu erlangen.

Es sollte jedoch beachtet werden, dass sich das Bezugssystem stets auf gleicher Ebene mit der Bedeutung der Bauaufgabe befindet. So kann es bei einer Bauaufgabe mit gesellschaftlicher Tragweite – beispielsweise

Abb.32:
Neue Nutzung in einer alten Burgruine
durch Einbau eines gläsernen Saals

Abb.33:
Städtebaulicher Bezug eines neuen
Kulturbaus zu einem römischen Tempel

Abb.34:
Nutzung öffentlicher und gemeinschaftlicher Bereiche durch die Anwohner

einem Museum oder einer Gedenkstätte – richtig und notwendig sein, den Bezug zu geschichtlichen Ereignissen zu thematisieren. Bei der Planung eines Wohnhauses oder eines Shoppingcenters hingegen sollte sehr genau überprüft werden, ob ein geschichtlicher Bezug in diesem Zusammenhang angemessen erscheint.

Soziokulturel-
ler Kontext

Sollen im Rahmen der Auseinandersetzung mit der Aufgabe gesellschaftliche Entwicklungen zum Ausgangspunkt einer Entwurfsidee gemacht werden, können sich Ansätze sowohl aus einem übergeordneten gesellschaftlichen Bezug wie auch aus spezifischeren Phänomenen entwickeln: Der zunehmenden Privatisierung des öffentlichen Raumes kann bei der Konzeption einer Wohnanlage begegnet werden, indem öffentliche Durchwegungen ermöglicht oder gemeinschaftliche Einrichtungen integriert werden. › Abb. 34 Die barrierefreie Zugänglichkeit aller Teile eines Gebäudes kann sowohl städtebauliche Konsequenzen wie auch Auswirkungen auf die Erschließung des Gebäudes nach sich ziehen.

Bei der Beschäftigung mit soziokulturellen Aspekten in einem Entwurf besteht die interessante Möglichkeit, eigenen Sichtweisen und Anschauungen Ausdruck verleihen zu können: Was für eine Nutzungsmischung ist anzustreben, um die Integration von Ausländern und älteren Menschen in unser gesellschaftliches Leben zu ermöglichen? Wie viel Gemeinschaft und wie viel Individualität ist möglich und nötig im Zusammenleben? Welche Rolle spielt Umwelt- oder Klimaschutz, und wie kann dessen Bedeutung in einem Entwurfsansatz umgesetzt werden? Welche bauliche Dichte ist angemessen, um gegenseitige Beeinträchtigungen zu vermeiden, aber eine zunehmende Zersiedlung der Landschaft zu verhindern?

In diesem Zusammenhang ist es notwendig, die ersten architektonischen Schritte mit einem übergeordneten Umfeld und Wertesystem in Beziehung zu setzen, ein Prozess, der über die unmittelbare Bauaufgabe hinaus helfen kann, eine eigene architektonische Haltung zu entwickeln.

Regionales Bauen

Aus klimatischen, kulturellen und gesellschaftlichen Rahmenbedingungen, der oftmals beschränkten Verfügbarkeit von Materialien sowie spezifischen Nutzungen bzw. Nutzungsformen sind im Laufe der Zeit die unterschiedlichsten regionalen Bauformen und Typologien entstanden.

> Abb. 35 und Kap. Entwerfen im Kontext, Landschaftliche und klimatische Bezüge

Viele dieser Bautypologien haben oftmals überraschend einfache Antworten auf eine Vielzahl von unterschiedlichen Anforderungen entwickelt. Aus der Analyse und Beschäftigung mit dieser Thematik lassen sich zumeist neue Erkenntnisse über komplexe Zusammenhänge zwischen der Architektur und dem baulichen und gesellschaftlichen Kontext gewinnen. Dabei ist es sehr wichtig, die Architekturen nicht losgelöst von ihrer Aufgabe, ihrem Umfeld und der Zeit, in der sie entstanden sind, zu sehen.

Internationalisierung

Die heutigen Bedingungen sind zumeist nicht vergleichbar mit der Situation, in der viele traditionelle Bauformen entstanden sind. Uns stehen sehr viel mehr Möglichkeiten und Materialien zur Verfügung, auch

Abb. 35:
Regionales Bauen im Mittelmeerraum

klimatisch schwierige Situationen zu kontrollieren. Auch haben sich die Nutzungen und entsprechenden Anforderungen stark verändert. Dadurch erscheinen uns die Unterschiede an verschiedenen Orten und in unterschiedlichsten Städten im Zuge der fortschreitenden Internationalisierung im Vergleich zu früher geringer. Nicht nur Materialien und Bauformen gleichen sich inzwischen immer mehr an, sondern auch unsere Gewohnheiten und Verhaltensweisen vermischen sich immer stärker durch die gewonnenen Kenntnisse über andere Länder und Kulturen.

Um eine nachhaltige Architektur zu entwickeln, die in einem intensiven Dialog mit ihrer Umwelt steht, ist es wichtig, die regionalen und lokalen Unterschiede zu kennen und auf sie reagieren zu können. Dabei spielen traditionelle Bauformen und Typologien eine große Rolle, da sie die Wahrnehmung eines neuen Gebäudes in seiner Umgebung ganz entscheidend prägen. Ein neuer Backsteinbau in Norddeutschland oder den Niederlanden würde sich aufgrund der dortigen Bautraditionen nahtlos in die umgebende Struktur einfügen und damit als eher traditionelles Gebäude erscheinen, während er in einer süditalienischen Stadt mit ihren monochromen Putzfassaden als Fremdkörper wahrgenommen würde. Die kontrastreiche, aber zugleich warme Lichtstimmung im Mittelmeerraum lässt einfache Baukörper mit plastisch ausgeformten Fassaden viel lebendiger wirken als ähnliche Gebäude unter dem zumeist kontrastarmen Moskauer Himmel.

Auch zeitgemäße Architekturen sind nicht beliebig austauschbar oder reproduzierbar und stärker mit dem Ort verwurzelt, als es auf den ersten Blick erscheint.

Symbolik und Ikonografie
Architektur transportiert Informationen. Diese können offensichtlich und somit für jeden erkennbar oder versteckt sein, so dass sie sich erst allmählich erschließen.

Die Diskussion darüber, auf welche Art und Weise Architektur Informationen zu vermitteln habe und in welchem Zusammenhang diese zum Inhalt und zur Nutzung des Gebäudes stehen sollen, zieht sich durch alle Epochen der Architekturgeschichte. Dabei sind zwei unterschiedliche Pole auszumachen:

Auf der einen Seite wird die Einheit von Inhalt und Form angestrebt. Das beinhaltet sowohl eine strukturelle als auch eine konstruktive Ehrlichkeit. Die gegensätzliche Position verweist auf die Rolle der Architektur als Bedeutungsträger und Identitätsstifter, unabhängig von Inhalt und Funktion. Sie nutzt die Symbolik und Ikonografie einzelner architektonischer Motive, um dieser Bedeutung gerecht zu werden.

Im Eklektizismus wie auch in der Postmoderne werden architektonische Zitate und Motive gezielt eingesetzt, um durch das Auslösen von Assoziationen eine bestimmte Wirkung beim Betrachter zu erzielen. So kann ein Gebäude bedeutender erscheinen, wenn es sich auf die Formensprache des

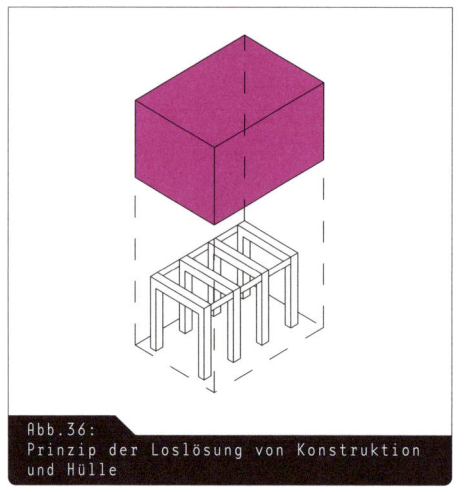

Abb.36:
Prinzip der Loslösung von Konstruktion und Hülle

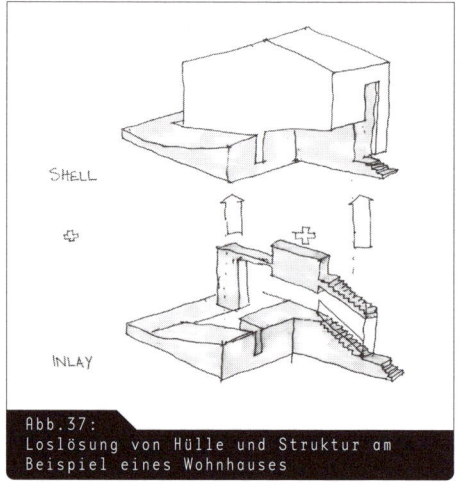

Abb.37:
Loslösung von Hülle und Struktur am Beispiel eines Wohnhauses

griechischen Tempels oder auf Ikonen der modernen Architektur bezieht. Die Erscheinung des Gebäudes legt beim Betrachter Rückschlüsse auf seinen Inhalt und seine Funktion, aber auch auf seinen Besitzer nahe, ohne dass diese Annahmen zutreffen müssen. Hülle und Inhalt bilden keine gestalterische Einheit, sondern es wird vielmehr die Loslösung und Verselbstständigung der Hülle angestrebt, um ihre Rolle als Bedeutungsträger hervorzuheben. > Abb. 36, 37

Ferner gibt es die Möglichkeit einer symbolischen Bezugnahme, mit deren Hilfe – über den formalen Verweis hinaus – auch auf inhaltliche Parallelen hingewiesen wird. Beispielsweise fand in der Renaissance eine Rückbesinnung auf die Werte und das Menschenbild der Antike statt, die sich auch in Architektur und Kunst durch die Neuinterpretation antiker Bauten, Prinzipien und Themen ausdrückte. Man sollte gerade hierbei jedoch beachten, dass eine Aussage, die sich unter dem eigenen oder be-

\\Hinweis:
Symbole fungieren als Bedeutungsträger. Der Wert eines Symbols liegt in der Einheit von Inhalt, Bedeutung und Gestalt. Im Symbol soll das Dargestellte noch repräsentiert sein; innere und äußere Einheit bleiben gewahrt. Beim Zitieren einzelner Motive hingegen wird die Einheit von Inhalt und Gestalt nicht angestrebt.

\\Tipp:
Symbolik in der Architektur ist ein äußerst spannendes und vielschichtiges Thema. Wer sich näher damit auseinandersetzen möchte, dem ist das Buch *Lernen von Las Vegas* von Robert Venturi und Denise Scott Brown zu empfehlen, erschienen im Birkhäuser Verlag, 2001.

rufstypischen Blickwinkel logisch erschließt, von einer dritten Person völlig anders interpretiert werden kann. Deshalb ist beim Umgang mit Stilmitteln wie Symbolik und Ikonografie der kulturelle und soziale Kontext zu hinterfragen. › Kap. Gestaltfindung

Bezüge zu anderen Disziplinen

Der Zusammenhang und die Interaktion zwischen Architektur und anderen Disziplinen der Kunst erschließen sich nicht zuletzt durch die Epochen der Kunst- und Baugeschichte. Gleichwohl sind es nicht immer die gleichen Prinzipien oder die gleichen Methoden, mit denen Architektur und Kunst in einer Epoche arbeiten. Einer der wesentlichen Unterschiede ist, dass die Baukunst neben ihrem künstlerischen Anspruch zumeist auch elementare Grundbedürfnisse des Menschen bedient: Wohnen, Arbeiten, Schlafen, Schutz vor der Witterung usw. Obwohl diese Besonderheit die Architektur im Vergleich zu anderen Künsten in eine besondere Position bringt, lassen sich vielfältige Verbindungen zu anderen Disziplinen auch

› 🛈

für die Entwurfsidee nutzen.

Gerade die Epochen, in denen es sehr enge Beziehungen zwischen bildender Kunst und Architektur gab, zeigen sehr anschaulich, welche Prinzipien sich auf die Architektur übertragen lassen. In den Gemälden der Renaissance gibt es große Parallelen zur gebauten Wirklichkeit in der Ausformulierung des perspektivischen Raumes und in der Wahl des Stand- und Blickpunktes. Ziel des Bauhauses war es, die Architektur als Gesamtkunstwerk mit allen anderen Künsten zu verbinden und die Einheit aller Künste anzustreben; die bestimmenden Themen der Postmoderne – Ikonografie und Identifikation – sind am deutlichsten in ihrer Architektur abzulesen. Aber auch in der zeitgenössischen Kunst existieren zahlreiche Parallelen.

› 🛈

In seinen zumeist begehbaren Raumskulpturen aus korrodierten Stahlplatten thematisiert Richard Serra durch den sichtbaren Alterungs-

🛈

\\ Hinweis:
Die Künste werden im Allgemeinen in vier verschiedene Bereiche unterteilt:
Bildende Kunst mit den Sparten Malerei, Bildhauerei, Architektur und Kunsthandwerk
Darstellende Kunst mit den Sparten Schauspielkunst (Theater, Film) und Tanz
Musik mit den Hauptsparten Vokalmusik und Instrumentalmusik
Dichtung mit den Hauptgattungen Epik, Drama und Lyrik
Werke der bildenden Kunst existieren als körperlich-räumliche Gebilde, die durch sich selbst unmittelbar auf den Rezipienten einwirken.

🛈

\\ Hinweis:
Skulpturen im Außenraum können durch ihre räumliche und körperhafte Wirkung vielfältige Analogien zur Architektur aufzeigen. Oft lassen sich interessante Interaktionen zwischen Objekt und Umgebung feststellen, die die räumliche Wahrnehmung schulen können. Gerade bei Kunstwerken, die speziell für diesen Ort geschaffen wurden, können viele Parallelen gezogen werden.

Abb.38:
Skulpturen von Richard Serra

prozess und die teilweise über 100 Tonnen schweren Objekte die Natur des Materials. › Abb. 38 Die starke räumliche und atmosphärische Wirkung, die von seinen Skulpturen ausgeht, zeigt sich auch in dem Unbehagen, dass ihnen im öffentlichen Raum anfänglich entgegengebracht wurde. Einen ähnlichen Ansatz in der Architektur verfolgt z. B. das Holocaust-Mahnmal in Berlin von Peter Eisenman.

Die Beschäftigung mit künstlerischen Arbeitsweisen erschließt sich jedoch meist nicht allein aus der Betrachtung der Werke, sondern auch aus dem Studium von Texten der Künstler, Sekundärliteratur und Biografien. Die meisten Künstler haben zahlreiche Dokumente über ihre Arbeitsmethodik und ihre Motivation hinterlassen.

Es kann sehr bereichernd sein, vergleichbare Arbeits- und Entwurfsweisen anderer Künste zu erleben und selbst auszuprobieren. Aus den unterschiedlichen Techniken der Malerei, Bildhauerei, Fotografie, Musik oder anderer Künste können individuelle Inspirationsquellen für die Arbeit als Architekt entspringen.

ENTWURF UND FUNKTION

Die Funktion eines Gebäudes ist in den meisten Fällen für den Entwurf und dessen Ausgestaltung bestimmend. Abhängig von der Vorgehensweise des Entwerfers kann sie eine Rahmenbedingung sein, die es einzuhalten gilt, oder der eigentliche Ausgangspunkt entwurflicher Ideen. Viele Architekten entwickeln ihre Bauten, indem sie aus den Anforderungen und Funktionen den Grundriss bzw. räumliche Zusammenhänge entwerfen, aus denen sich dann mit Hilfe der gestalterischen Fähigkeiten und Erfahrungen des Architekten ein ganz bestimmter und spezifischer Ausdruck und eine Formensprache entwickelt, die – über die Zweckdienlichkeit des Baus hinaus – nach der Einheit von Form und Funktion strebt.

Funktion als Ausgangspunkt für den Entwurf Das Entwerfen auf Grundlage der Funktion ist spätestens seit der Moderne ein verankertes Grundprinzip, das in der Architektenausbildung einen wichtigen Stellenwert einnimmt. Einen Entwurf zu gestalten, der der Funktion gerecht wird und ihr im eigentlichen Sinne Gestalt verleiht, ist ein grundlegendes Ziel der Architektur.

Die im Folgenden genannten Schritte sind Hilfsmittel bzw. Herangehensweisen, die Funktion zu erfassen und zu verstehen sowie Ansatzpunkte für eine entwurfliche Realisierung zu finden. Sie sind nicht grundsätzlich notwendig, um einen „funktionierenden" Entwurf hervorzubringen, aber gerade bei nicht im Detail vertrauten Funktionen sollten derartige Hilfsmittel zum Einsatz kommen.

Der Begriff „Hilfsmittel" sagt aber auch aus, dass sie nicht Kern der Entwurfsarbeit sind. Gegenseitige Abhängigkeiten in einem Funktionsschema darzustellen setzt voraus, dass man sie inhaltlich durchdrungen hat. Eine Möglichkeit hierzu sind Publikationen, die typische Flächenbedarfsangaben oder auch funktionale Zusammenhänge darstellen. › Anhang, Literatur Des Weiteren können gebaute Beispiele einer identischen oder ähnlichen Nutzung analysiert werden. Stehen die Grundrisse mehrerer Beispiele zur Verfügung, ergeben sich daraus Übereinstimmungen und Regelmäßigkeiten in Anordnung, Größe und Struktur der Einzelbereiche, die sich auf den eigenen Entwurf übertragen lassen.

EINGEHEN AUF DIE NUTZER

Beschäftigt man sich mit Funktionen, so beschäftigt man sich in der Regel auch mit Menschen, die diese Funktion nachfragen – sei es Wohnen, Arbeiten oder Möglichkeiten der Freizeitgestaltung. Es ist wichtig zu hinterfragen, wie der Nutzer die Funktion ausübt bzw. wie er sie erleben möchte. Denkt man beispielsweise an ein Kino, erwartet der Nutzer eine bestimmte Erlebniswelt. Er möchte sich unterhalten lassen und in eine andere Welt eintauchen, um den Alltag kurzzeitig hinter sich zu lassen. Er nutzt die Funktion mit einer Erwartungshaltung, die im Entwurf berücksichtigt werden kann. Ein Büroarbeitsplatz wiederum sollte so gestaltet sein, dass der Nutzer seiner Arbeit ohne störende Einflüsse und konzentriert nachkommen kann. Hier besteht eine Erwartungshaltung in Bezug auf Licht, Luft, Akustik oder Ausgestaltung des Arbeitsplatzes.

Es gibt unterschiedliche Möglichkeiten, sich mit dem Nutzer zu beschäftigen: Möglich ist, dass er dem Entwerfer als Person bekannt ist und dieser also weiß, für wen er entwirft; auf der anderen Seite kann die Entwurfsaufgabe auf eine bestimmte Zielgruppe ausgerichtet sein (z.B. Wohnungen für Senioren), hinter der sich jedoch keine greifbaren Einzelpersonen verbergen.

Individuelle
Bedürfnisse

Ist der Nutzer bekannt, können individuelle Interessen und Bedürfnisse berücksichtigt werden. Soll beispielsweise ein Wohn- und Atelierhaus für einen Künstler entworfen werden, so entstehen Anforderungen und Ideen oft aus Gesprächen und Beobachtungen seiner Arbeitsweise. Vielleicht wünscht der Künstler einen ruhigen, gleichmäßig belichteten und abgeschirmten Atelierbereich; vielleicht liebt er den Blick in die Landschaft oder auf das geschäftige Treiben einer Großstadt.

Orientierung
an einer Zielgruppe

Anders stellt es sich dar, wenn für eine bestimmte Zielgruppe entworfen wird. Hier muss man sich zunächst ein Bild davon machen, welche Anforderungen die Zielgruppe im Allgemeinen stellt. Zu diesem Zweck ist es hilfreich, beispielhafte Lösungen und Bauten vor Ort zu studieren, um mehr über die Bedürfnisse und Anforderungen der Zielgruppe zu erfahren oder aber bestehende Probleme in einem Beispielprojekt mit gleicher Funktion zu analysieren, um im eigenen Entwurf darauf reagieren zu können. › **Kap. Methoden der Ideenfindung**

Kontakt zu
Nutzern

Meist lassen sich die Anforderungen der Nutzer ermitteln, indem der direkte Kontakt und Gedankenaustausch mit mehreren Nutzern unterschiedlicher Ausprägung gesucht wird. Gerade bei neuartigen Funktionen, für die keine eigenen Erfahrungswerte vorliegen (z.B. eine bestimmte Produktionsstätte oder ein Feuerwehrhaus), sollte nicht versucht werden, die internen Abläufe der Funktion von außen zu verstehen. Menschen, die tagtäglich mit dieser Funktion umgehen, haben eine andere Sicht der Dinge, die für die gemeinsame Erarbeitung einer räumlichen Umsetzung der Funktionsabläufe wichtig ist. Der intensive Austausch mit Mitarbeitern bzw. Nutzern auf allen Ebenen hilft, um Abläufe, Strukturen und vor allem auch Missstände im Gebäudebestand zu hinterfragen. Diese Angaben vom Nutzer als Planungsbasis zu fordern ist in der Regel nur bedingt hilfreich, da den Nutzern wiederum das planerische Hintergrundwissen der Architekten fehlt. So ist die gemeinsame Arbeit an Nutzungskonzepten und deren Detaillierung der ideale Weg, um ein auch im Detail funktionierendes Gebäude zu planen.

RAUMPROGRAMM UND INNERE ORGANISATION

Besteht eine konkrete Bauaufgabe, so ergibt sich aus dieser in der Regel auch ein Bedarf an Fläche oder Raum. Eine Familie hat eine bestimmte Vorstellung ihres zu planenden Wohnhauses, ein Unternehmen möchte Arbeitsplätze für eine definierte Anzahl von Mitarbeitern schaffen, ein Museum benötigt Ausstellungsräume für bestimmte Exponate usw. Aus diesen Anforderungen lassen sich benötigte Flächen und Volumen ableiten, die zu einer ersten räumlichen Vorstellung der Größe und Dimension des Projektes führen können.

Volumen- und
Flächenbedarf

Bei typisierten Funktionen wie Wohnen oder Arbeiten in Büros können prozentual Zuschläge für Konstruktion und Nebenräume addiert werden und – will man das Volumen ermitteln – mit einer üblichen Geschosshöhe multipliziert werden.

Bei Funktionen wie einer Schwimmhalle, einem Museum oder einer Veranstaltungshalle ergeben sich unterschiedliche Bereiche mit teilweise völlig unterschiedlichen Anforderungen an Flächen und Raumhöhen. Daher sollten diese auch gesondert betrachtet werden, um allen Bereichen in ihren spezifischen Eigenarten im Entwurfsprozess gerecht zu werden. Eine Schwimmhalle kann ein bestimmendes Volumen in einem Ensemble sein, die Nebenfunktionen können alternativ im Volumen enthalten sein oder separat in Erscheinung treten.

Bei diesem Weg, sich dem Entwurf zu nähern, ist es wichtig, die groben Versuche, ein Volumen zu bilden, nicht als eigentlichen Entwurf zu betrachten. Schnell entsteht sonst die Gefahr, die grobe Kubatur als gegeben hinzunehmen und sich nicht weiter mit der Formfindung zu beschäftigen. Es muss jederzeit bewusst bleiben, dass das ermittelte Volumen eine abstrakte Masse ist, mit der bei Bedarf beliebig verfahren werden kann. › Abb. 39

Neben groben Abschätzungen der Flächen und Volumen ist es wichtig, ein Raumprogramm zu erstellen. Das Raumprogramm beschreibt die einzelnen Funktionen bzw. Räume mit ihren Flächenanforderungen. Es ergeben sich daraus Raumgruppen, die thematisch zusammengehörig sind. › Tab. 1

ρ

\\Beispiel:
Eine Familie wünscht ca. 120 m² Wohnfläche. Um
Bruttoflächen zu erhalten, ergänzt man 20–25% für
die Fläche von Wänden und Schächten. Multipliziert mit einer Geschosshöhe von 3 m ergibt sich
daraus ein Volumen von ca. 450 m³. Wird ein zwei-
geschossiges, zunächst kubisches Gebäude geplant,
ergibt sich z.B. ein Würfel von 8,00 x 8,00 x
7,00 m Höhe. Derartige Gedankenspiele helfen, ein
Gefühl für die Größe des Gebäudes zu entwickeln.

Abb.39:
Gleiches Volumen als kompakter Turm, Riegel oder flaches, L-förmiges Hofgebäude

Tab.1:
Beispiel eines Raumprogramms

Beratungscenter

Funktion	Raumgröße [m²]	Anzahl	Gesamtfläche [m²]
Empfang/Assistenten	40	1	40
Warten	40	1	40
Assistenten	12	2	24
Direktor	40	1	40
Sekretariat	20	1	20
Gruppenleiter	25	2	50
Beraterzimmer	25	17	425
Besprechung	30	1	30
Teeküche	20	1	20
Sanitärbereich	40	1	40
Nebenverkehrsflächen		15%	109
Summe		**28**	**838**

Raumprogramm

Bei vielen Entwurfsaufgaben wird das Raumprogramm vorgegeben. Manchmal besteht sie aber auch darin, die passende Funktion mit entsprechendem Raumprogramm im Arbeitsprozess erst zu entwickeln. Gerade in der beruflichen Praxis trifft man auf Bauherren, die zwar eine klare Idee von der primären Funktion haben, die zusätzlich notwendigen Flächen und Nebenfunktionen aber nicht überblicken können.

So besteht zunächst die Aufgabe des Planers, die Hauptnutzungsflächen sowie notwendige Nebenflächen wie beispielsweise ein Foyer, Toilettenanlagen oder Verkehrswege zu ermitteln und diese mit Flächenangaben zu hinterlegen, um einen Gesamtüberblick über die Planungsaufgabe zu erhalten.

Möchte beispielsweise ein Arbeitgeber Bürofläche für 500 Mitarbeiter schaffen, so muss zunächst geklärt werden, in welcher Büroform (Einzelbüros, Großraumbüros) die Mitarbeiter arbeiten sollen und wie viel

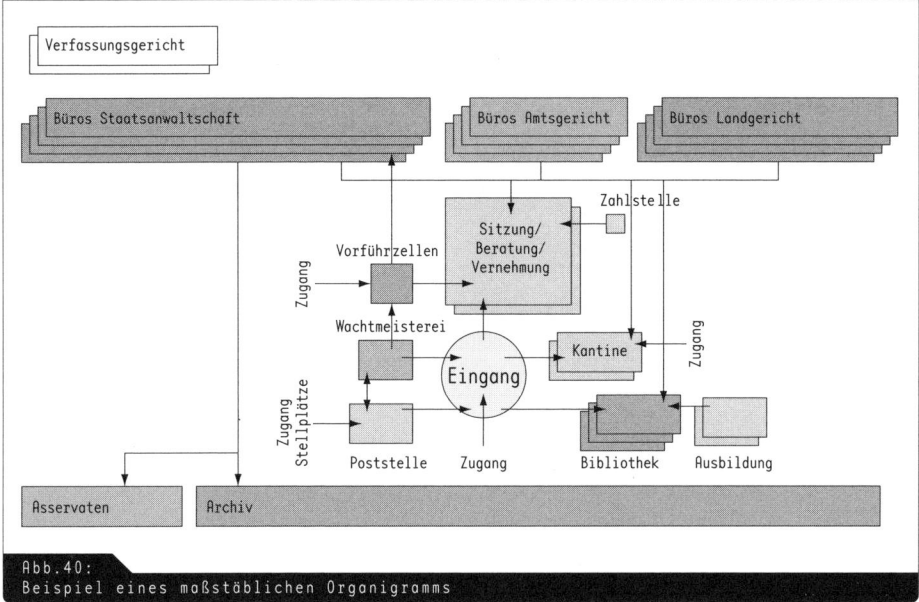

Abb.40:
Beispiel eines maßstäblichen Organigramms

Fläche daher pro Mitarbeiter benötigt wird. Ergänzend werden die Nebenfunktionen und Verkehrswege beaufschlagt, um zu einem Gesamteindruck
des Flächenbedarfs zu gelangen.

Ein ähnliches Vorgehen besteht im Wohnungsbau bei Seniorenwohn-
stätten, wo zunächst mit dem Bauherrn geklärt werden muss, inwieweit
individuelle Wohnfunktionen in Wohneinheiten integriert werden sollen
oder zentral für alle Bewohner organisiert werden.

Aus einem Raumprogramm lassen sich Gruppen von Funktionen
und Räumen bilden, die gleiche Anforderungen an z. B. Raumhöhen oder
Belichtung haben. So ergeben sich proportionale Zusammenhänge in der
Verteilung der Flächen, aus denen ebenfalls ein Gefühl für Größen und
Proportionen der Entwurfsaufgabe gewonnen werden kann.

\\Hinweis:
Näheres zu Wohnfunktionen findet man in *Basics
Wohnen und Entwerfen* von Jan Krebs, erschienen
im Birkhäuser Verlag, 2006.

\\Tipp:
Manchmal ist es hilfreich, die in einem Raumprogramm benannten Flächen maßstabsgerecht
zeichnerisch als Flächen in verschiedenen
Proportionen darzustellen. So entwickelt sich
visuelles Gefühl für die Verteilung von Nutz-
flächen der Planungsaufgabe.

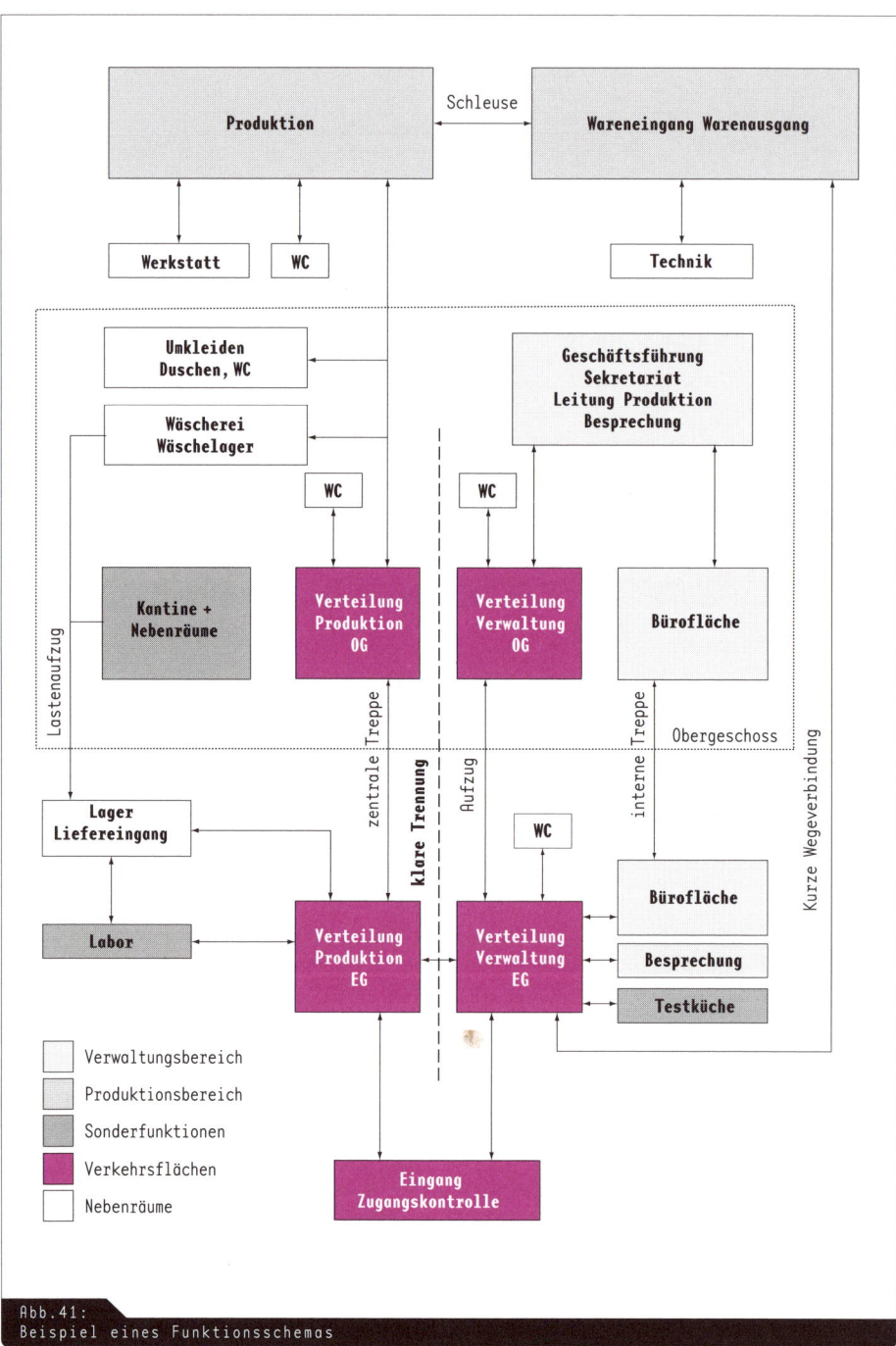

Abb.41:
Beispiel eines Funktionsschemas

44

> $\mathcal{P}$

Zur weiteren Abschätzung der Kubaturen ist es möglich, Erschließungs- und Wegesystematiken zu erarbeiten, die ein Gebäude strukturieren und dadurch Hinweise auf Volumen und Gebäudeform geben können. Besteht beispielsweise ein Bürogebäude aus Einzelbüros, so lassen sich auf Grund der Begrenzung der natürlichen Belichtung Gebäudetiefen entnehmen, die als Grundlage für Gebäudekörper dienen.

Darüber hinaus kann es hilfreich sein, über die funktionale Organisation der Aufgabe nachzudenken. Um die funktionalen Zusammenhänge zwischen den einzelnen Räumen und Bereichen eines Gebäudes zu ermitteln, ist es notwendig, sich diese plastisch vor Augen zu führen.

Ein typisches Mittel hierzu ist das Funktionsschema, in dem alle Funktionsbereiche bzw. Räume grafisch dargestellt und zueinander in Beziehung gesetzt werden. > Abb. 41

Die Darstellung hilft, sich der internen Organisation des Gebäudes visuell zu nähern. Es ergeben sich Zonierungen und Verbindungen, die für die Entwurfsaufgabe eine prägende Wirkung haben können. Ist beispielsweise ein privater oder sensibler Funktionsbereich von einem öffentlichen oder halb öffentlichen zu trennen, können sich daraus auch entwurfsbestimmende Flächenzuordnungen ergeben.

Es ist wichtig, das vorgegebene Raumprogramm und die Aufgabenstellung nicht mit der eigentlichen Bauaufgabe und dem Zweck des Entwurfes gleichzusetzen, sondern sie kritisch zu hinterfragen und, wenn nötig, abzuwandeln. Die Bauaufgabe geht dabei über die reine Funktion eines Gebäudes hinaus. Die beschriebenen Ansatzpunkte sollten immer in Relation zu den anderen Einflussfaktoren gesehen werden.

So muss ein Gemeindezentrum nicht nur einen großen Saal mit den dazugehörigen Nebenraum und der notwendigen Infrastruktur besitzen,

$\mathcal{P}$

\\ Beispiel:
Ein Bürogebäude hat eine zweibündige Struktur
mit Mittelkorridor und eine lichte Deckenhöhe
von ca. 3 m. Die maximale Tiefe des Gebäude-
körpers ergibt sich aus der maximalen Büro-
tiefe (ca. 5,5 m), die sich bei sturzfreier
Fensterausbildung noch natürlich belichten
lässt. Dazu kommt die Breite des Mittelkorri-
dors (ca. 1,80 m), der Außenwandstärken (ca.
40 cm) und der beiden Flurtrennwände (je
15 cm). Das ergibt eine Gebäudetiefe von ca.
14 m. Wenn die Büros in Form von Kombibürozo-
nen angeordnet werden, ist eine Gebäudetiefe
von bis zu 16 m möglich.

sondern es sollte – um seinen Zweck wirklich erfüllen zu können – ein Ort der Begegnung für die unterschiedlichsten Menschen und Gruppen sein. Dazu ist es ebenso wichtig, sich über das „Funktionieren" der Abläufe und der Räume im Gebäude hinaus mit weicheren Faktoren auseinander-zusetzen – Zugänglichkeit, Offenheit und Einsehbarkeit, Belichtung so-wie Atmosphäre. Häufig ergeben sich dabei auch Widersprüche zwischen Bauaufgabe und Raumprogramm, denen mit einer Anpassung des Raum-programms begegnet werden kann.

GESTALTFINDUNG

Bei der Beschäftigung mit Formen und Gestaltungselementen muss berücksichtigt werden, dass es keine eindeutige Vorhersehbarkeit der Wirkung eines Entwurfes gibt. Ein Entwurf ist nicht nur deshalb gut, weil alle Einzelanforderungen erfüllt sind, sondern vielmehr, weil die geschaffene Struktur eine Beziehung der Einzelteile zueinander definiert und ihnen damit eine neue Ordnung gibt. Das Ausprobieren verschiedenster Möglichkeiten anhand von Skizzen, Zeichnungen und Modellen ist eine notwendige Methode, um die vorher erdachten Ideen und Lösungsansätze fortwährend zu überprüfen.

Im folgenden Kapitel liegt der Schwerpunkt auf der Gestaltfindung als originärem Ansatzpunkt für den Entwurfsprozess. › **Kap. Grundlagen des Entwerfens**

ORDNUNG UND PROPORTION

Seit der Antike werden maßliche Proportionen benutzt, um Fassaden und ganze Gebäude zu entwerfen. Dieses Thema zieht sich vom antiken Tempelbau über den mittelalterlichen Kirchenbau, die Villen der Renaissance und die klassische Moderne bis in die heutige Zeit.

Immer wieder haben Architekten versucht, ideale Proportionen in mathematische Formeln zu fassen. In der Antike wurden Proportionen insbesondere über das Maßverhältnis von Tempeln und deren Bauteilen (wie die verschiedenen Säulenordnungen) untersucht und weiterentwickelt. Viele Baumeister und Architekten der Antike besaßen weit reichende geometrische Kenntnisse und benutzten für den Bau der griechischen Tempel mathematische Zahlenverhältnisse, um die einzelnen Bauteile in Beziehung zueinander zu setzen.

Bereits in der der Definition Vitruvs (30 v. Chr.) ist dabei die Doppelbedeutung des Proportionsbegriffes angelegt. Proportion bezeichnet

\\ Tipp:
Es kann spannend sein, sich mit der geschichtlichen Entwicklung der baulichen Proportionen zu beschäftigen, denn interessante Parallelen und Entwicklungen warten auf ihre Entdeckung, die auch heute nichts an Gültigkeit eingebüßt haben. Für das Studium von historischen Proportionsregeln der Baugeschichte sind die Bücher von Vitruv, Alberti und Palladio zu empfehlen (siehe Anhang, Literatur).

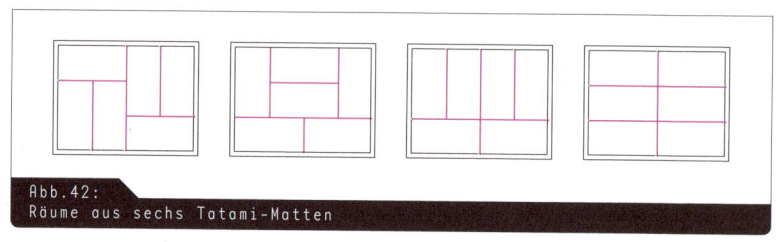

Abb.42:
Räume aus sechs Tatami-Matten

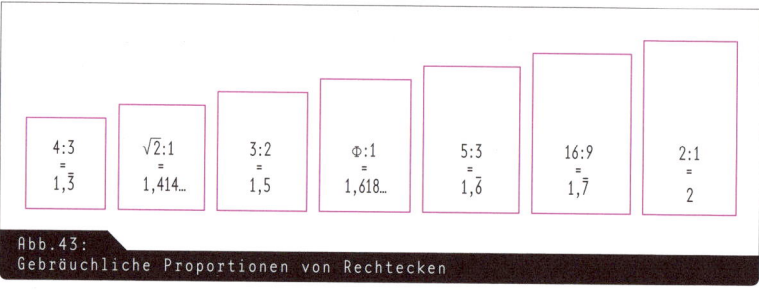

| 4:3 = 1,$\bar{3}$ | $\sqrt{2}$:1 = 1,414... | 3:2 = 1,5 | Φ:1 = 1,618... | 5:3 = 1,$\bar{6}$ | 16:9 = 1,$\bar{7}$ | 2:1 = 2 |

Abb.43:
Gebräuchliche Proportionen von Rechtecken

das Verhältnis der Teile zueinander sowie deren Maßverhältnis im Bezug zum Menschen. So entspricht z. B. das Maßverhältnis des unteren Durchmessers der dorischen Säule im Verhältnis zur Höhe dem Maßverhältnis des männlichen Körpers: 1:6. Die ionische Säule hat ein Verhältnis vom Durchmesser zur Höhe von 1:8 und entspricht damit der Proportion des weiblichen Körpers.

Japanische Tatami-Matten

Ein einfaches, aber effektives Beispiel für die Anwendung proportionaler Grundsätze in der Architektur ist die japanische Tatami-Matte, auf deren Grundlage traditionelle japanische Häuser aufgebaut sind. Tatami-Matten sind in der Regel 85 cm × 170 cm groß, wobei die Maße in einigen Regionen variieren können. Das Verhältnis von 1:2 der Matten führt dazu, dass diese in beliebigen Konstellationen zusammengelegt werden können und somit Raumgrößen und -proportionen bestimmen (das japanische Standardzimmer besteht in der Regel aus sechs Tatami-Matten). › Abb. 42

Neben den Proportionen von Tatami-Matten gibt es weitere, die nicht nur in der Architektur Anwendung finden. › Abb. 43

Der goldene Schnitt

Eine der bekanntesten Proportionsregeln ist der Goldene Schnitt. Er ist das Verhältnis zweier Zahlen oder Längen zueinander von ungefähr 1:1,618. Der Goldene Schnitt ist ähnlich wie die Kreiszahl π eine irrationale Zahl, da er sich nicht als Bruch zweier ganzer Zahlen herleiten lässt. Mathematisch wird der Goldene Schnitt durch die Formel

$$a/b = (a+b)/a$$

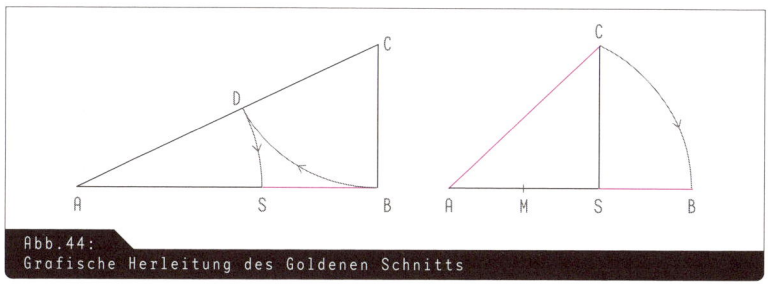

Abb. 44:
Grafische Herleitung des Goldenen Schnitts

definiert, was sich auch grafisch mit Hilfe eines Zirkels konstruieren lässt.
> Abb. 44

Durch die Einführung des metrischen Systems endete die vorherrschende Vielfalt unterschiedlicher Maßeinheiten. Der Meter bezieht sich auf den Erdumfang, anstatt sich – wie die alten Längenmaße Zoll, Fuß, Elle und Speiche – auf die menschlichen Proportionen zu beziehen. Damit ist eine der beiden Bedeutungen von Proportion – die direkte Beziehung des „Modulus" auf den Menschen – nicht mehr erfüllt. In dem Wunsch, den menschlichen Maßstab in die Architektur zurückzubringen, entwickelte Le Corbusier aus den Proportionen eines Durchschnittsmenschen und dem Goldenen Schnitt eigene Maßsystematiken, den Modulor. Mit Hilfe des Modulors lassen sich Proportionen und Dimensionen gestalten, die auf ihre Nutzung direkt Bezug nehmen. Dies können z.B. Tisch- oder Brüstungshöhen, Sichtfenster oder ganze Raum- bzw. Fassadenproportionen sein. > Abb. 45

Unabhängig von allen mathematischen Ansätzen und Analysen stellen Proportionen ein individuelles Wohlgefühl für den Betrachter dar. Auch wenn der Wunsch nach Systematisierung und direkt anwendbaren Regeln verständlich ist, unterliegen viele Gebäude oder Fassaden, die wohlgeformt erscheinen, keiner nachvollziehbaren mathematischen Regel. So sind gute Proportionen auch immer ein Herantasten an Dimensionen, Kompositionen verschiedener Elemente und Beziehungen dieser untereinander.

🔖

\\ Hinweis:
Wer sich mit der Entwicklung des Modulors und den Hintergründen des Maßsystems Modulor beschäftigen möchte, findet Informationen in:
Le Corbusier: *Der Modulor, Band 1 + 2*, erschienen bei der DVA 2003.

✏️

\\ Tipp:
Mit einfachen Arbeitsmodellen aus Pappe, Knetmassen, Holz- oder Styroporklötzen kann gut experimentiert werden, so dass eine Annäherung an Formen und Proportionen möglich ist. Weiterführende Hinweise zu Arbeitsmodellen und Modellbaumaterialien sind in *Basics Modellbau* von Alexander Schilling, erschienen beim Birkhäuser Verlag 2007, zu finden.

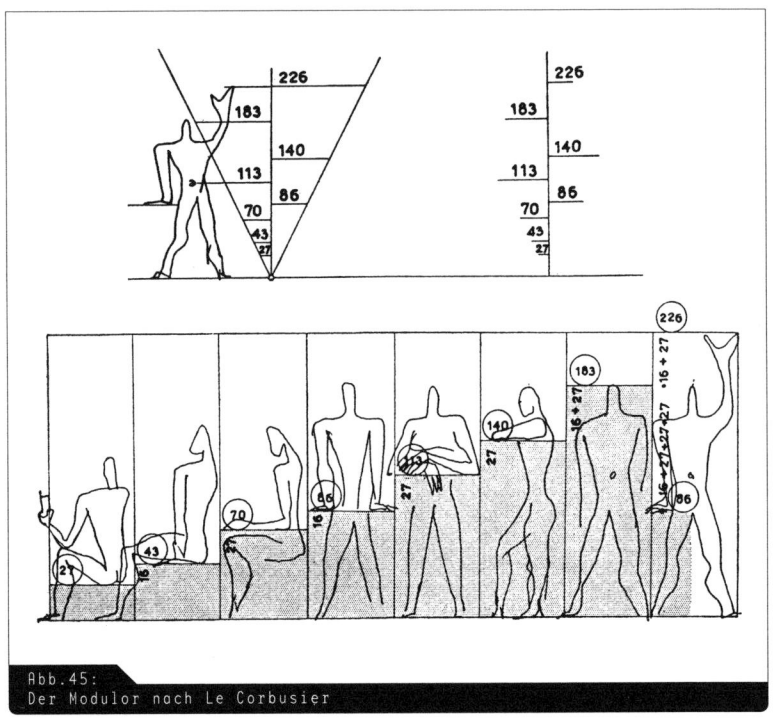

Abb.45:
Der Modulor nach Le Corbusier

Wer sich also z.B. mit den Proportionen einer Fassade beschäftigt, kann auf bekannte Regeln oder Proportionen zurückgreifen. Gestalterische Proportionen erhalten Fassaden jedoch oft erst durch die eigene Interpretation und Anwendung der Proportionsregeln oder auch durch ein experimentelles Annähern an das Ergebnis. So kann beispielsweise ein großes Panoramafenster so lange verschoben und verändert werden, bis es gleichzeitig gute Proportionen im Innenraum und in der Fassadenansicht aufweist und mit dem Gesamtentwurf harmonisch korrespondiert.

GRUNDELEMENTE DER GESTALTUNG

Geometrische
Formen

Die aus der Schulmathematik bekannte Geometrie beschäftigt sich mit Punkten, Geraden, Ebenen, Abständen, Winkeln usw. Aus den Axiomen von Euklid (ca. 365–300 v. Chr.) und diversen Weiterentwicklungen der Theorien lassen sich Formen ableiten, die als Entwurfsgrundlage dienen können. Dies sind zweidimensionale Formen (Flächen) wie Dreieck, Quadrat, Rechteck, Kreis, Raute bzw. dreidimensionale Formen (Körper) wie Würfel, Quader, Kugel, Kegel. Auf Basis dieser mathematischen Grundformen lässt sich durch Transformation, Addition oder Subtraktion eine Vielfalt an Formen und Grundrissen entwickeln.

⟩ 🏠

Dabei überträgt sich ein Großteil der geometrischen Eigenschaften der Flächen auf das Gebäude. Ein quadratischer Grundriss eignet sich aufgrund der gleichen Länge aller vier Fassaden sehr gut, um ein weitgehend ungerichtetes Gebäude zu entwerfen, beispielsweise einen Pavillon in einem Park oder ein Gebäude, das auf einer freien Fläche oder einem Platz steht. In noch größerem Maße gilt das für kreisförmige Gebäude, die nicht nur ungerichtet, sondern gleichzeitig auch auf die eigene Mitte ausgerichtet sind und damit dem Raum eine gesteigerte Bedeutung geben. Rechteckige Gebäude hingegen besitzen eine Orientierung, mit der sie sich zu einer Richtung hin ausrichten und Stirn- und Längsfassaden ausbilden. Entlang der Längsfassaden bilden sich klare räumliche Kanten im Außenraum aus, die Stirnfassaden formulieren Kopfsituationen. Ein elliptisches Gebäude bildet hingegen einen gerichteten Raum mit zwei Schwerpunkten aus und besitzt wie ein kreisförmiges Gebäude nur eine durchgehende Fassade. Im Gegensatz zum Kreis besitzt die Ellipse aber eine Orientierung, ähnlich der eines rechteckigen Gebäudes.

Grundrisse, die aus einer geometrischen Figur entwickelt werden, sollten diese Gesetzmäßigkeiten anerkennen und bewusst einsetzen. An Hand der aufgeführten Beispiele › Abb. 46 lassen sich diese Prinzipien gut nachvollziehen.

Fügt man den zuvor beschriebenen zweidimensionalen Flächen eine dritte Koordinate hinzu, entstehen verschiedene dreidimensionale Körper. Für den Umgang mit geometrischen Körpern gelten ähnliche Gesetzmäßigkeiten wie für Flächen.

Einfache geometrische Körper besitzen eine starke Prägnanz und Eigenständigkeit und eignen sich insbesondere für Gebäude mit einer objekthaften Wirkung in großräumlichen Kontexten. › Abb. 47, 48 Die Einbindung in dichte und heterogene Strukturen ohne ausreichende Distanz zu anderen Gebäuden ist oft problematisch, da so Klarheit und Lesbarkeit eingebüßt werden.

⬚

\\Hinweis:
Der Einfluss der Mathematik auf die Architektur ist seit der Antike von großer Bedeutung. Die Darstellung da Vincis vom Proportionsschema der menschlichen Gestalt (1492) stellt einen engen Zusammenhang zwischen Mensch und Geometrie her. Viele Architekten greifen seit jeher auf geometrische Grundformen zurück, um daraus Grundrisse, Ansichten oder ganze Gebäude zu entwickeln.

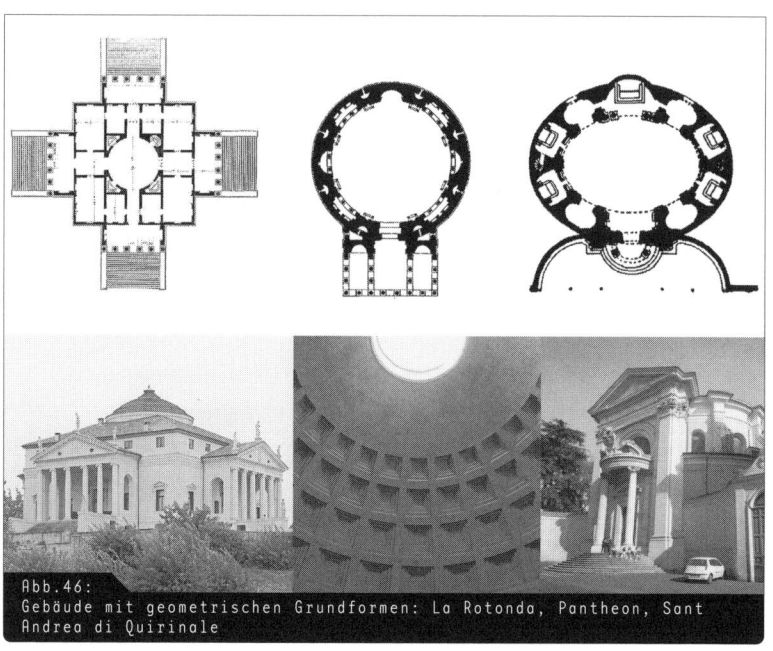

Abb. 46:
Gebäude mit geometrischen Grundformen: La Rotonda, Pantheon, Sant Andrea di Quirinale

Neben den vom Menschen bestimmten materiellen oder immateriellen Bezügen lassen sich aus der Natur Formen und Strukturen ableiten, die als Entwurfsansatz zu nutzen sind. Oft sind dies organische oder durch Umwelteinflüsse geschaffene Formen, die durch ihren Gestaltreichtum bestechen. Die meisten Elemente der Natur – auch wenn sie auf den ersten Blick ungeordnet und beliebig erscheinen – basieren auf klaren, wenn auch komplexen Mustern und Regeln. Gerade bei der Beschäftigung mit zellularer Zusammensetzung kommen Strukturen zutage, die in ihrer Flexibilität, Tragkraft, Materialeffizienz und vor allem ihrer skulpturalen Gestalt einzigartig sind. Entwurfsansätze aus der Natur abzuleiten, bietet die Möglichkeit, sich durch diese Formensprache und -vielfalt der Natur inspirieren zu lassen.

In den Jugendstilbauten Ende des 19. und Anfang des 20. Jahrhunderts drückt sich diese Hinwendung zur Natur aus. Von der floralen Ornamentik über die Schaffung fließender, bewegter Grundrisse und Fassaden bis hin zur organisch anmutenden Ausgestaltung ganzer Baukörper zeigen die unterschiedlichen Stilrichtungen des Jugendstils die verschiedensten Möglichkeiten der Bezugnahme zur Natur auf. › Abb. 49

Darüber hinaus können Naturstudien bei der Umsetzung von Organisations- und Konstruktionsprinzipien in gebaute Architektur eine weitergehende Hilfestellung sein.

Abb.47:
Rechtwinklige Kuben mit prägnanten Wirkungen im Umfeld

Abb.48:
Beispiele für die Nutzung von Geometrien, Zylinder und Pyramiden

Abb.49:
Formen aus der Natur im Jugendstil

\\Hinweis:
Der Begriff „Bionik" setzt sich aus der ersten Silbe des Wortes Biologie und der zweiten
Silbe des Wortes Technik zusammen. Bionik
versucht, Verfahren, Konstruktions- und Ent-
wicklungsprinzipien der Natur in technische
Anwendungen umzusetzen.

Viele Architekten haben ihre Bauten und Strukturen nach bionischen Prinzipien entwickelt oder weiterentwickelt. Sowohl die zeltartige Seilnetzkonstruktion für den Münchner Olympiapark von Frei Otto wie auch die geodätischen Kuppeln des Eden-Projektes von Grimshaw, die an Blasen oder Schäume erinnern, und die Brücken und Bauten Calatravas, deren Rippen und Tragwerke wie Skelette aussehen, sind aus von der Natur entlehnten Konstruktionsprinzipien entwickelt worden. Dabei ist wichtig, dass es bei Transformationen aus der Natur in die Technik notwendig ist, fortlaufend Modifikations- und Abstraktionsprozesse zu durchlaufen, da ein identisches Kopieren natürlicher Formen aufgrund ihrer Komplexität nicht ohne Weiteres möglich ist. Viel wichtiger ist die Beobachtung und Analyse der Prinzipien, die natürlichen Formen zugrunde liegen. Erst dann können die gewonnenen Erkenntnisse in eine architektonische Struktur umgesetzt werden. Frei Otto entwickelte die Dachformen anhand von Experimenten mit Drahtseilen und Seifenlauge. Die entstandenen Formen sind einzig das Ergebnis der Schwerkraft und bilden in idealer Weise die Kraftverläufe innerhalb der Dachhaut ab. › Abb. 50, 51 und Kap. Beschäftigung mit Material und Konstruktion, Material und Konstruktion als Gestaltungselemente

Sowohl Pflanzen als auch Tiere weisen eine Vielzahl von Adaptionsmerkmalen auf, die auf Gebäude übertragen werden können: das Skelett eines Lebewesens, die Facetten eines Insektenauges, der Panzer eines Gürteltiers oder die Flügel eines Vogels. › Abb. 52–55

Freie Formen

Um einen Entwurf zu erarbeiten, können bei der Annäherung durch experimentelles Herantasten an Strukturen und Gefüge Formen entstehen, die zunächst keinen Bezug zu einem ordnenden System zu haben scheinen und gerade durch ihre Neuartigkeit eine faszinierende Wirkung ausüben. Die Architektur nähert sich in der freien Formfindung stark den anderen bildenden Künsten an. Dadurch eignen sich diese Methoden vor allem für großräumliche Bauaufgaben, die eine gesellschaftliche Bedeutung besitzen, wie der Bau einer Kirche, eines Museums oder eines Kulturzentrums. Ein häufiges Ziel freier Formfindungsprozesse ist eine Dynamisierung des Gebäudes bzw. das Sichtbarmachen von Bewegungen im und um das Gebäude. So entstehen z. B. schiefe Körper, deren Kanten abgeschliffen sind oder deren Gestalt durch die Besucher des Museums entsteht, die sich in einem kontinuierlichen Fluss in Form einer Spirale durch das Gebäude bewegen. › Abb. 56 und Kap. Gestaltfindung, Raum und Körper, sowie Methoden der Ideenfindung

Freie Formen lassen sich besonders gut nutzen, um dem Bau eine Zeichenhaftigkeit zu verleihen, die dem Ort oder dem Gebäude ein Alleinstellungsmerkmal verleiht. Darin liegt allerdings auch eine gewisse Gefahr, weil dies dazu verleitet, der Form übersteigerte Aufmerksamkeit zu schenken und den übrigen Anforderungen an das Gebäude nicht gerecht zu werden. › Abb. 57

Abb.50:
Baldachin-Spinnennetze auf einer Wiese

Abb.51:
Ein Dach aus Seilnetzkonstruktionen

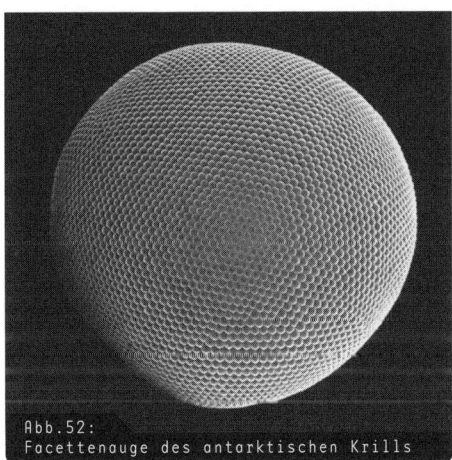

Abb.52:
Facettenauge des antarktischen Krills

Abb.53:
Kuppelstrukturen

Abb.54:
Ein Höckerschwan spreizt die Flügel.

Abb.55:
Haupteingangsgebäude des TGV-Bahnhofs
in Lyon

Abb.56:
Dynamische freie Formen in der Moderne

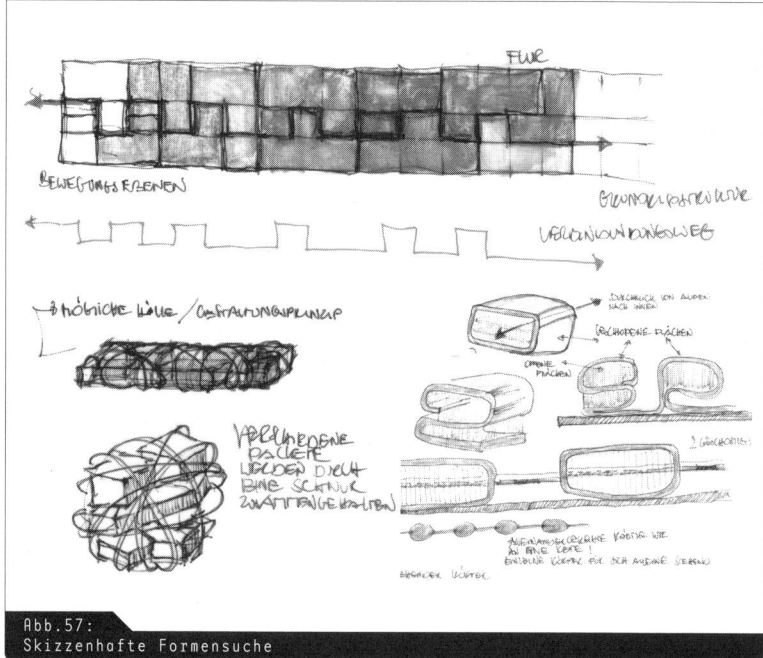

Abb.57:
Skizzenhafte Formensuche

RAUM UND KÖRPER

Architektur entsteht immer im Wechselspiel von Raum und Körper.
Jeder Köper definiert Räume, ebenso wie Objekte erst durch Raum lesbar
werden. Sie sind nicht nur gegensätzliche Elemente, sondern stehen gleichzeitig in direkter gegenseitiger Abhängigkeit. Nur zusammen ergeben
Raum und Körper ein Ganzes. Nur durch ihr Zusammenwirken entsteht
Architektur. Oft werden zwischen den fest umrissenen Räumen und den
klar ablesbaren Körpern fließende Raumfolgen geschaffen, Raumsequen-

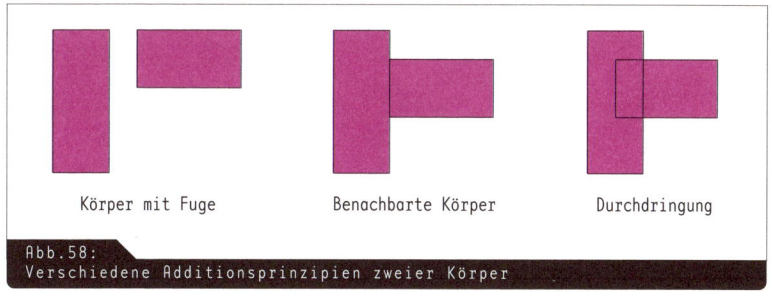

| Körper mit Fuge | Benachbarte Körper | Durchdringung |

Abb.58:
Verschiedene Additionsprinzipien zweier Körper

zen, Zwischenräume sowie Außen- und Innenräume, die aus dem reichen Wechselspiel beider Elemente entstehen.

Soll der Entwurf nicht nur eine Grundform enthalten, gibt es verschiedene Möglichkeiten, mit mehreren Elementen zu arbeiten. Durch das Anordnen und Fügen mehrerer Elemente kann Raum geschaffen werden. Es besteht die Möglichkeit, Körper zu subtrahieren, um Raum zu schaffen oder auch Grundelemente zu modifizieren bzw. zu transformieren. Diese Methoden können darüber hinaus beliebig miteinander kombiniert werden.

Anordnen und Fügen

Wenn komplexere Figuren mit Hilfe von Addition entstehen sollen, so müssen die Elemente des Entwurfs miteinander in Beziehung gesetzt werden. Dies können mehrere solitäre, unterschiedliche Grundformen sein, die allein schon durch ihre Form eine Wechselwirkung erzeugen. Es kann sich aber auch um sich gleichende Körper handeln, die durch Anordnung eine Beziehung zueinander entwickeln.

Formen können sich durchdringen, sich zerschneiden, an andere Formen andocken oder dort aufsetzen, sie können sich reihen oder schachteln – immer gehen sie eine Wechselwirkung ein, die räumliche Gefüge entstehen lassen. › Abb. 58, 59 Dabei lassen sich zwei grundsätzliche Möglichkeiten unterscheiden. Entweder es bildet sich ein Raum zwischen angeordneten Elementen, oder Elemente werden im Raum angeordnet. › Abb. 60

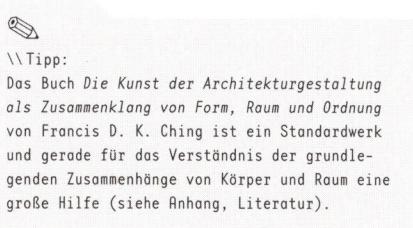

\\ Tipp:
Das Buch *Die Kunst der Architekturgestaltung als Zusammenklang von Form, Raum und Ordnung* von Francis D. K. Ching ist ein Standardwerk und gerade für das Verständnis der grundlegenden Zusammenhänge von Körper und Raum eine große Hilfe (siehe Anhang, Literatur).

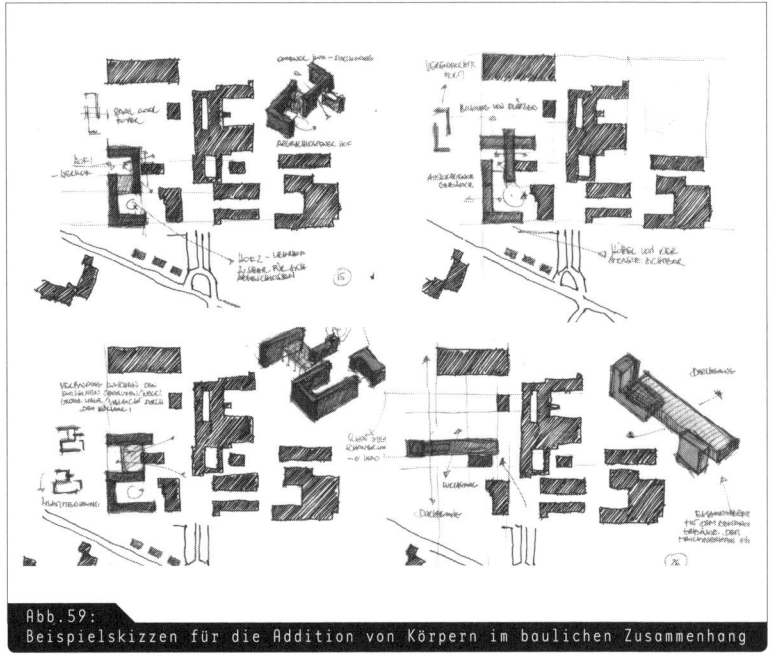

Abb.59:
Beispielskizzen für die Addition von Körpern im baulichen Zusammenhang

Neben der Zusammenstellung von zwei oder drei Formen zu einer Komposition gibt es Situationen (z.B. im Siedlungs- und Städtebau), in denen weitaus mehr Formen miteinander in Zusammenhang gebracht werden müssen. Typische Wege hierbei sind: › Abb. 61

_ Reihung
_ Anordnung in einem Raster
_ Bildung von Clustern bzw. Gruppen
_ Anordnung um einen Platz oder einen anderen Zentralpunkt
_ Radiale Anordnung
_ Ketten-Anordnung wie an einer Perlenschnur

Raumbildung
durch Scheiben

Eine Sonderform eines gerichteten Körpers ist die Scheibe. Sie kann horizontal wie vertikal angeordnet werden. Die Scheibe ist ein Element der Weglenkung und der Richtungsweisung auf ein Ziel. Durch die sowohl weg- wie blickbegleitende Ausrichtung lassen sich fließende, ineinander übergehende Räume und eine Verzahnung von Innen- und Außenraum erzeugen. › Abb. 62

Hierbei ist nicht nur die Anordnung der Scheiben im Grundriss zu beachten, auch die Wirkung der horizontalen Scheiben im Schnitt ist für

58

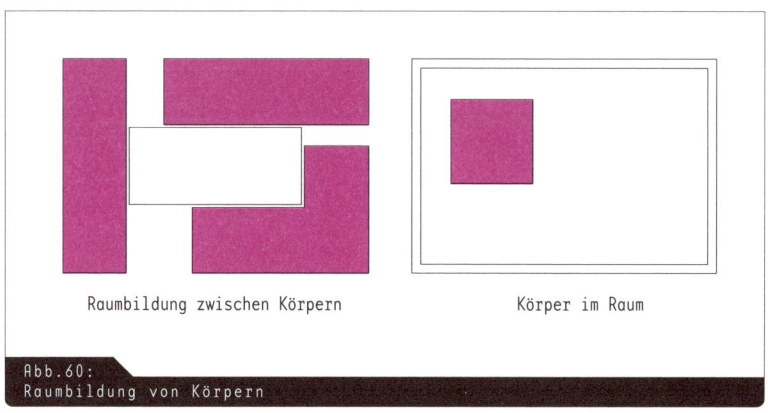

Raumbildung zwischen Körpern   Körper im Raum

Abb.60:
Raumbildung von Körpern

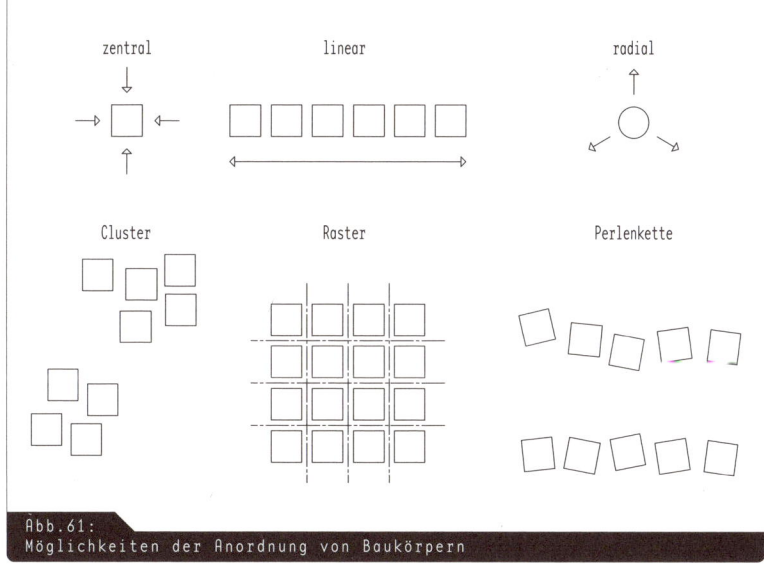

zentral   linear   radial

Cluster   Raster   Perlenkette

Abb.61:
Möglichkeiten der Anordnung von Baukörpern

die Wirkung des Entwurfs elementar. Die Höhenanordnung der Bodenplatte kann für die Wirkung eines Gebäudes maßgeblich sein. Möglich ist:

> Abb. 63, 64

_ in den Untergrund eingegraben,
_ bündig eingebunden,
_ auf dem Niveau aufliegend,
_ über dem Niveau schwebend.

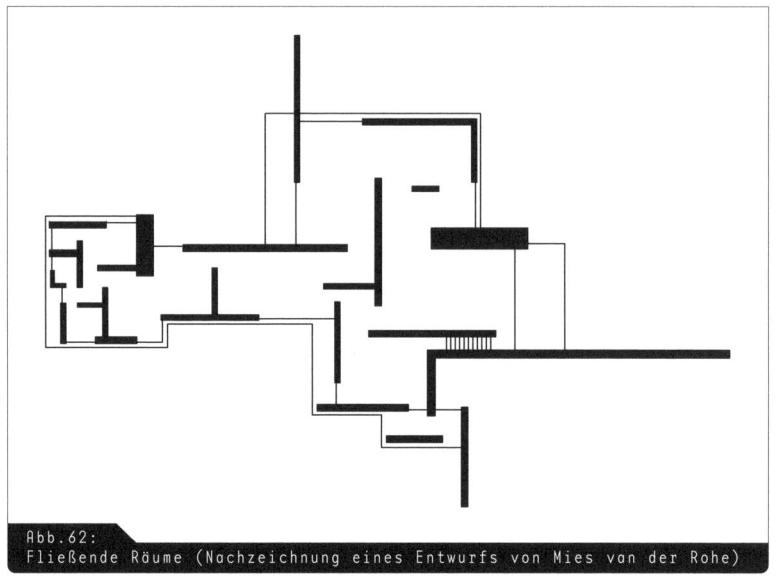

Abb.62:
Fließende Räume (Nachzeichnung eines Entwurfs von Mies van der Rohe)

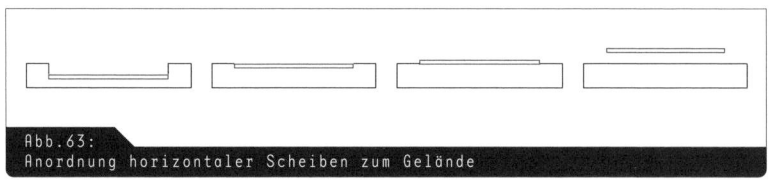

Abb.63:
Anordnung horizontaler Scheiben zum Gelände

Abb.64:
Beispiele bekannter Scheibenhäuser aus der Moderne

Subtraktion und
Modifikation

Flächen und Körper lassen sich durch Subtraktion und Modifikation weiterentwickeln. So kann ein Körper nur in Fragmenten als geometrische Entwurfsgrundlage dienen. Einfache Grundformen wie Quadrate und Kreise lassen unzählige Variantenbildungen und Modifikationen zu.
> Abb. 65–67

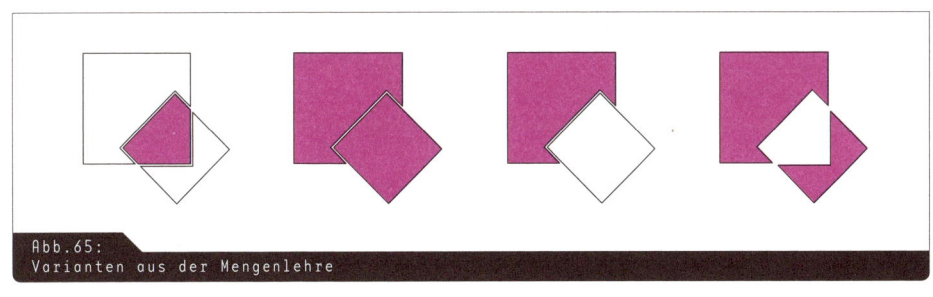

Abb.65:
Varianten aus der Mengenlehre

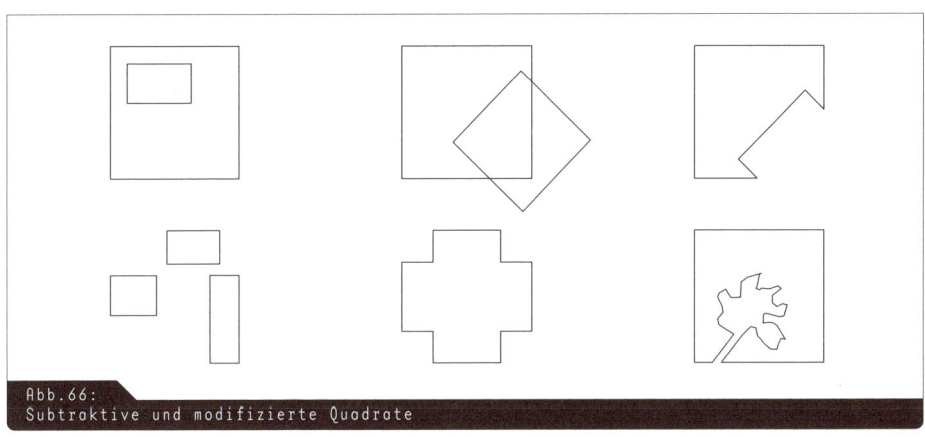

Abb.66:
Subtraktive und modifizierte Quadrate

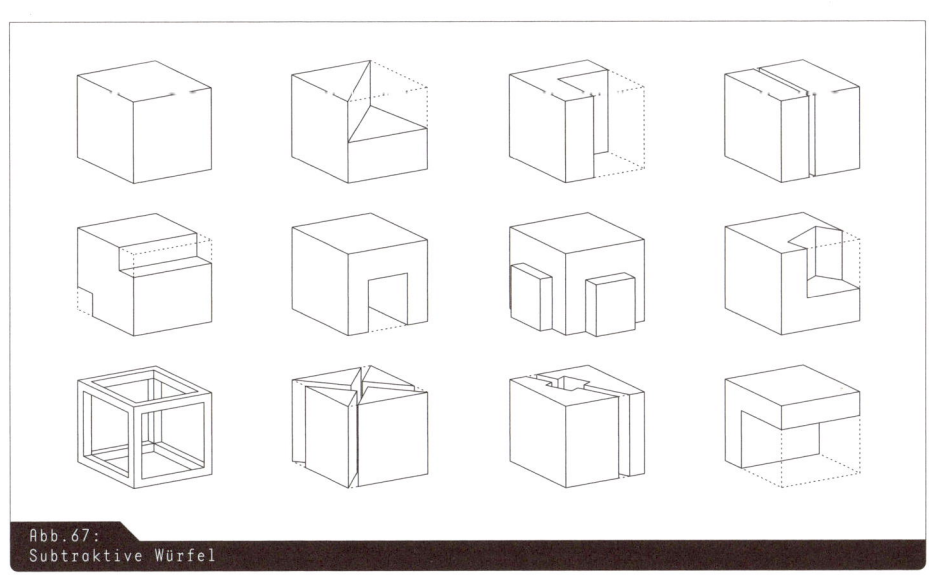

Abb.67:
Subtraktive Würfel

61

Abb.68:
Gebogene Körper und Flächen

Abb.69:
Faltung als Entwurfsprinzip

Viele der Varianten basieren auf einfachen mathematischen Funktionen der Mengenlehre. Überschneiden sich zwei Körper oder Flächen, ergeben sich unter anderem folgende Möglichkeiten: Bildung von Teilmengen, Schnittmengen, eine Vereinigungsmenge und Bildung von Differenzen.

Falten und Biegen

Eine weitere Möglichkeit, Elemente zu modifizieren oder zu transformieren besteht darin, sie zu falten oder zu verbiegen. So entsteht durch das Verbiegen oder Falten eines Bandes ein gerichteter Raumfluss, der den Raum gleichzeitig fasst und umlenkt. Durch das Verdrehen oder Verbiegen eines Körpers kann ihm die geometrische Strenge genommen werden, um ihn weicher und geschmeidiger zu machen. Die Veränderung der Grundform kann auch als Reaktion auf äußere Einflüsse und Kräfte entstehen, die erst durch die Transformation oder Deformation der Form sichtbar werden. › Abb. 68, 69 Aber nicht nur geometrische Elemente können durch Falten und Biegen transformiert werden. Mit Hilfe des Computers ist es möglich, sehr viel komplexere Formen zu erzeugen und zu bearbeiten, so dass auf diesem Wege ein freier Formfindungsprozess möglich ist.

BESCHÄFTIGUNG MIT MATERIAL UND KONSTRUKTION

Der älteste und seit Beginn der Industrialisierung wieder sehr bedeutende Ausgangspunkt einer Ideenfindung ist die Konstruktion. Sie stellt das Grundgerüst des Gebäudes dar und wird bewusst hervorgehoben. Die Konstruktion kann sich z.B. im Skelettbau durch ein Stützenraster manifestieren, das die Fassadensystematik und Innenausbauten im Weiteren bestimmt. Ingenieurbauten wie z.B. Brücken zeigen seit der Industrialisierung in völliger Selbstverständlichkeit ihre konstruktiven Zusammenhänge, indem die Tragstruktur für jeden ablesbar wird. Damit wurde Ende des 19. Jahrhunderts eine neue Ästhetik geschaffen, die sich gegen das Verkleiden und Dekorieren des Bauwerkes wendet. Ähnliche Ansätze finden sich auch in der Architektur in vielen Bereichen. Dabei stehen Konstruktion und Materialität zumeist in einem direkten und untrennbaren Zusammenhang. Ohne die industrielle Produktion des Eisens wären die filigranen Industriebauten nicht denkbar gewesen, und nur die Eigenschaften von Stahlbeton haben die meisten Schalenkonstruktionen in dieser Form umsetzbar gemacht. › Abb. 70 Dabei können sowohl die technischen als auch die visuellen und haptischen Eigenschaften des Materials bewusst eingesetzt werden, um einem Entwurf und seiner Konstruktion Ausdruck zu verleihen.

MATERIAL UND KONSTRUKTION ALS GESTALTUNGSELEMENTE
Die Konstruktion kann als ein die Gestalt prägendes und strukturierendes Element für den Entwurf genutzt werden, der Entwurfsprozess kann sich aber auch aus dem Kontext oder der Funktion entwickeln. Denkbar ist auch, dass Gestaltfindung und notwendige Konstruktion zu einem späteren Zeitpunkt nicht sichtbar integriert werden. Bei Gebäuden mit erhöhten konstruktiven Anforderungen (z.B. bei großen Spannweiten) ist eine Trennung von Funktion, Form und Konstruktion sehr schwierig. Insbeson-

Abb. 70:
Hyperbolischer Paraboloid aus Stahlbeton

dere dann kann es sinnvoll sein, die Konstruktion an den Anfang des Entwurfsprozesses zu stellen, um aus ihr eine Grundstruktur zu entwickeln.

Möchte man die Konstruktion als Grundlage des Entwurfs nutzen, so ist es unabdingbar, sich mit den technischen Bedingungen der Tragkonstruktion zu beschäftigen. Dies umfasst statische Systeme, Materialwahl und Dimensionierung der Elemente.

Materialwahl und Konstruktion

In der Regel wird das Material, aus dem ein Gebäude errichtet werden soll, erst im Laufe der Ausarbeitung eines Entwurfs bestimmt. Das Material kann aber auch Grundlage des Entwurfs sein. So kann die Umgebung durch einen lokalen Naturstein geprägt sein, oder die umgebende Bebauung besteht aus klimatischen Gründen aus Holzhäusern. › Kap. Entwerfen im Kontext, Gesellschaftliche und soziokulturelle Bezüge Vielleicht ergibt sich die Materialität auch aus einer ersten Idee zum späteren Objekt. Basiert ein Entwurf auf einem bestimmten Material, sollten die Eigenschaften des Materials berücksichtigt werden, um eine Konstruktion bzw. einen Entwurfsansatz zu entwickeln. › Abb. 71

›

Konstruktion als Gestaltungselement

Die Konstruktion übernimmt in der Regel nicht nur ordnende und tragende Funktionen, sie kann auch selbst zur Entwurfsaufgabe werden. Eine Konstruktion sollte durch materialgerechtes Entwerfen statisch und in Bezug auf den Materialverbrauch optimiert werden. Sie kann aber darüber hinaus entscheidende ästhetische und strukturierende Qualitäten besitzen.

Sind Anforderungen und statische Notwendigkeiten bekannt, beginnt die eigentliche kreative Arbeit. Tragwerke bieten vielfältigste Möglichkeiten, die schöpferisch genutzt werden können. So lassen sich Spannweiten z.B. durch lineare Träger, Traggitter, flächige Bauteile, Seiltragwerke oder gekrümmte Schalen überbrücken. Jedes dieser Tragsysteme kann prägend für die Gestalt und den Raumeindruck sein. Auch wenn räumliche Gegebenheiten bestimmte tragkonstruktive Systeme erfordern, lassen sich diese bewusst nutzen, um über ihre eigentliche Funktion des Tragens hinaus Formen und Gefüge zu entwerfen. Auch Anschlusspunkte wie ein

\\ Hinweis:
Weitere Hinweise zu Materialwahl und Konstruktion geben auch folgende Bände der *Basics*, alle im Birkhäuser Verlag erschienen:
Basics Materialität von Manfred Hegger, Hans Drexler, Martin Zeumer
Basics Tragsysteme von Alfred Meistermann
Basics Holzbau von Ludwig Steiger
Basics Mauerwerksbau von Nils Kummer

\\ Tipp:
Der spanische Architekt Santiago Calatrava hat viele statische Modelle geschaffen, die als Grundlage seiner teilweise gewagten Gebäude dienten. Falls man sich für derartige Ansätze interessiert, sind die statischen Experimente von Calatrava ein guter Ansatzpunkt für eigene Ideen.

Abb.71:
Individuelle Konstruktionen aus Kunststoff, Mauerwerk, Beton und Holz,
die sich durch ihre spezifischen Materialeigenschaften darstellen

gelenkiges Auflager oder ein Montagestoß können entworfen und materialgerecht gestaltet werden.

Um interessante Konstruktionen außerhalb der standardisierten Elemente zu entwickeln, ist es hilfreich, über gute statische Kenntnisse zu verfügen. Dabei ist jedoch weniger die Fähigkeit, Tragwerke präzise berechnen zu können, von Bedeutung, sondern vielmehr das grundlegende Verständnis für Konstruktionen und statische Systeme. Es ist darüber hinaus auch möglich, über Schwerkraft-Experimente innovative Ideen zu entwickeln. So können in sich ruhende statische Systeme über kleine Modelle intuitiv erarbeitet werden, ohne dass umfangreiche Berechnungen notwendig sind.

Materialgerechtigkeit der Konstruktion

Beachtet man die Konstruktionsregeln und Materialeigenschaften des jeweiligen Baustoffs, lassen sich Vorgaben für die Gestaltung und Formfindung ableiten. Mauerwerk beispielsweise ist nur bedingt in der Lage, größere Öffnungen zu überbrücken, und wird deshalb häufig als Gewölbe oder Bogen ausgeführt. Bei Holzbauten kann mit der Gerichtetheit des Materials gearbeitet werden, wobei Wert auf konstruktiven Holzschutz gelegt werden sollte; Stahlbauten ermöglichen große Spannweiten und einen minimalen Materialeinsatz, haben aber ein problematisches

Abb.72:
Tragwerke, die die Eigenschaften des jeweiligen Materials hervorragend nutzen

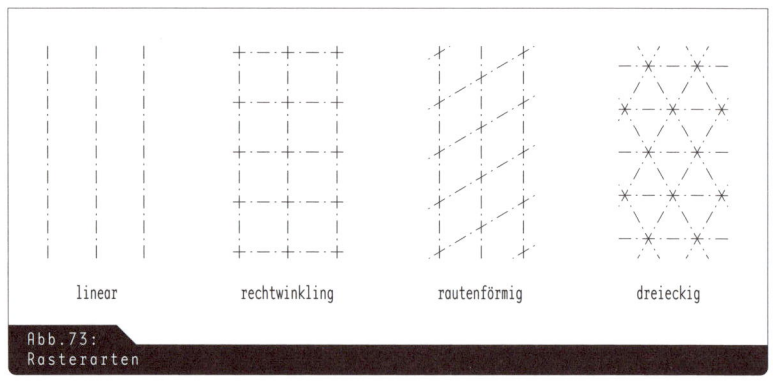

linear   rechtwinkling   rautenförmig   dreieckig

Abb.73:
Rasterarten

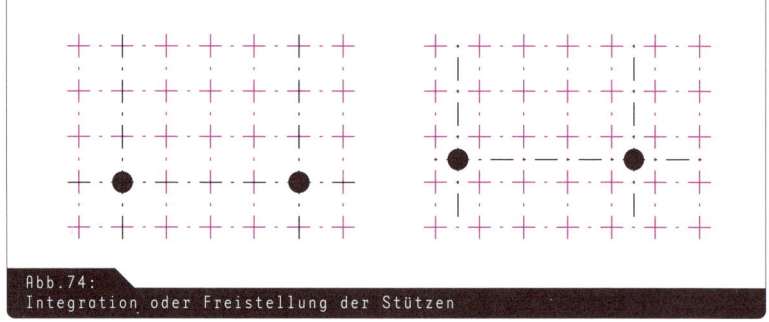

Abb.74:
Integration oder Freistellung der Stützen

Brandschutzverhalten. Unabhängig davon, welches Material zum Einsatz kommen soll, ist eine materialgerechte Konstruktion wichtig, um die spezifischen Eigenschaften des Materials optimal nutzen zu können. › Abb. 72

Raster und
Stützweiten

Ist ein Material gefunden, so ergeben sich in der Regel aus den Möglichkeiten des Materials und den funktionalen Anforderungen Stützweiten und Abstände der Konstruktionselemente untereinander. Eine maßliche Wiederholung, soweit sie dem Entwurf zugrunde gelegt und gewünscht wird, ergibt ein Raster. Anhand eines Rasters können Ordnungssysteme, Fassaden und Räume entwickelt werden.

Raster können aus rechtwinklig zueinander stehenden Achsen bestehen, die als Felder Rechtecke oder Quadrate bilden. Alternativ können Raster in freien Winkeln mit rautenförmigen Feldern oder im Dreiecksraster mit gleichseitigen Dreiecken angewendet werden. Bei linearen Tragstrukturen besteht das Raster eventuell ebenfalls nur aus linearen Abständen ohne eine zweite Richtungsachse. › Abb. 73

Dabei stellt sich zumeist die Frage, ob die Fassaden und nichttragenden Wände auf den Achsen des Rasters liegen oder versetzt zu ihm sind. Handelt es sich um Mischkonstruktionen aus Skelett- und Massivbau, bei denen sowohl Wände wie auch Stützen tragende Funktionen übernehmen, bietet es sich oft an, die Wände auf die Rasterachsen zu setzen. Sie lösen sich dann in Stützenreihen auf. Werden Wände und Fassade – z. B. bei einem reinen Skelettbau – gegen das Raster versetzt, entsteht eine klare Trennung zwischen tragenden und Raum begrenzenden Elementen. Die Konstruktion wird durch die teilweise im Raum stehenden Stützen sehr viel präsenter und autonomer. › Abb. 74

MATERIALWAHRNEHMUNG

Materialien unterscheiden sich aber nicht nur durch ihre technischen Eigenschaften, sondern darüber hinaus auch durch ihre Wirkung auf den Betrachter. Wir nehmen Materialien auf vielfältige Art und Weise durch das Zusammenspiel der verschiedenen Sinnesorgane wahr.

Sinneswahrnehmung

Fast 90% der Informationsreize verteilen sich auf die visuelle Wahrnehmung, Dies hat dazu geführt, dass die Beschäftigung mit der visuellen Erscheinung von Gebäuden und Materialien in der gesamten Architekturgeschichte eine wichtige Bedeutung einnimmt.

Material und Atmosphäre

Der Klang und der Geruch eines Gebäudes sowie die haptische Wahrnehmung sind sehr viel schwerer mit den üblichen Methoden und Werkzeugen des Entwerfens zu erfassen und darzustellen. Sie lassen sich auch nur sehr beschränkt aus der Funktion oder dem Kontext ableiten, da sie im engen Zusammenhang mit der Materialität eines Gebäudes stehen. › Abb. 75

Abb. 75:
Beispiele verschiedener Wirkungen von Glas: Interferenzen durch Aufdrucke, Schichtungen von Bruchglas

Abb.76:
Entmaterialisierter, schwebender Körper
aus Glas

Abb.77:
Alt und Neu im Kontrast aus steinerner
und leichter Konstruktion

Der gekonnte und richtige Einsatz von Materialien kann eine bestimmte Entwurfsaussage unterstützen oder sie sogar erst ermöglichen. Beispielhafte Attribute hierfür sind:

_ steinern, irden
_ leicht, schwebend
_ verhüllend
_ geschichtet
_ transparent, transluzent
_ offen, geschlossen

So kann ein leichter Körper durch den Einsatz von Glas weitgehend entmaterialisiert werden, subtraktive Formen werden durch die Wahl eines irdenen Materials in ihrer baukörperlichen Ausformulierung unterstützt, oder die Wahl eines flexiblen und transparenten Baustoffes kann die Ablösung der Hülle vom Gebäude zum Ausdruck bringen. › Abb. 76, 77

METHODEN DER IDEENFINDUNG

Die möglichen Wege und Schritte, zu einer Entwurfsidee zu gelangen, sind so vielfältig, wie es die Architektur insgesamt ist. Häufig beginnt der Findungsprozess unbewusst oder wird durch ein Erlebnis oder Ereignis hervorgerufen, das das Interesse und die Kreativität weckt. Zumeist sind es äußere Impulse, wie sie in den vorangegangenen Kapiteln beschrieben wurden, die auf den Entwerfenden einwirken oder bereits als Erfahrungswert vorliegen. Sobald man erste Ideen entwickelt hat, erfolgen Abwägungen bezüglich der Umsetzbarkeit und des Potenzials der einzelnen Ansätze.

Konzepttreue

Im Laufe des Entwurfsprozesses stellt sich oft heraus, dass nicht stringent von einer ersten Idee bis zum fertigen Ergebnis gearbeitet werden kann, sondern dass sich aufgrund unterschiedlicher Rahmenbedingungen oder Grundideen verschiedene Entwurfsansätze oder optionale Wege herausbilden. So können anregende Elemente in verschiedenen Ansätzen entdeckt werden, die man gerne weiterverfolgen würde. Dadurch entsteht die Gefahr, gute Prinzipien durch Vermischung mit anderen zu verwischen und nicht tief genug zu durchdringen. Es ist deshalb sinnvoll, das gewählte Prinzip als Leitidee konsequent zu verfolgen – auch wenn dadurch andere Ideen fallen gelassen werden müssen. Eine gute Idee zu Gunsten einer noch besseren aufzugeben ist nicht zwangsläufig ein Verlust, denn gerade Prägnanz und Lesbarkeit können eine zusätzliche Qualität bedeuten. Vielfach lassen sich nicht weiterverfolgte Ansätze bei späteren Projekten reaktivieren – doch zumindest verbreitern sie das Spektrum des eigenen Wissens.

Einfach, nicht banal

Einer Idee treu zu bleiben und nach einfachen Konzepten zu suchen beinhaltet allerdings auch immer die Gefahr, banal oder eindimensional zu werden und die Komplexität und Differenziertheit des Entwurfs zu Gunsten seiner Klarheit zu opfern. Entwürfe und Gebäude dürfen und sollen – ebenso wie die Anforderungen an einen Bau – mehrdimensional und vielfältig sein. Aber gerade innerhalb dieser Vielfalt ist Klarheit und Eindeutigkeit in der Ausformulierung der einzelnen Ideen notwendig. Viele interessante Entwürfe bauen auf einem klaren und bis ins Detail umgesetzten Prinzip auf. Dieses muss kein Dogma sein und auch nicht auf maximaler Reduktion auf dieses Prinzip beruhen – wichtig ist nur, dass alle bestimmenden Elemente des Entwurfs die Entwurfsaussagen unterstützen und nicht konterkarieren. Dabei können sich in den verschiedenen Bereichen des Entwurfs verschiedene Prinzipien überlagern, um sich gegenseitig zu ergänzen und zu bereichern.

Werkzeuge und Darstellungstechniken

Die Wahl der Darstellungstechnik und des Werkzeugs kann einen starken Einfluss auf den Entwurfsprozess ausüben. Ähnlich wie bei der handwerklichen Bearbeitung eines Objektes hängt das Ergebnis der

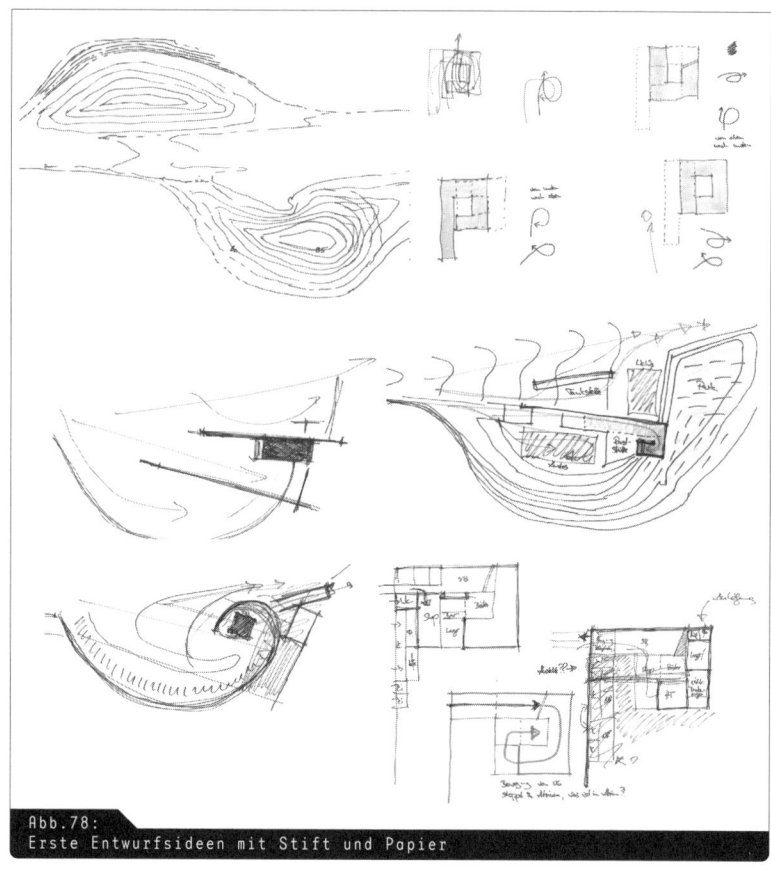

Abb.78:
Erste Entwurfsideen mit Stift und Papier

Bearbeitung entscheidend von der Methode und dem eingesetzten Werkzeug ab.

Mit Stiften lassen sich Schemata, Grundrissskizzen, Formengerüste bzw. deren Konturen sehr gut entwickeln. › Abb. 78 Anhand des Grundrisses kann die räumliche Struktur, die Organisation und Zonierung eines Entwurfs entwickelt, horizontale Bewegungen können studiert werden. In Systemschnitten sind vertikale Beziehungen und Raumproportionen darstellbar. Mit Hilfe der Fassaden können die Belichtung der Räume, Interaktionen mit dem Außenraum und der Ausdruck des Gebäudes entwickelt und entworfen werden. Andererseits kann der Einsatz neuartiger oder artfremder Medien und Darstellungstechniken neue, innovative Entwurfslösungen hervorbringen. › Kap. Methoden der Ideenfindung, Methoden und Strategien Mit Hilfe des Computers sind in den letzten zehn Jahren Gebäudeformen entstanden, die mit analogen Mitteln wie Zeichenstiften nur begrenzt darstellbar sind.

Abb.79:
Computergenerierte Formen (Blob)

Eine neue Richtung, die aus den vielfältigen Möglichkeiten der digitalen Welt entstanden ist, ist die so genannte Blob-Architektur, die komplexe, fließende, oft gerundete und biomorphe Formen aufweist. Sie beruhen auf Freiformkurven (Splines) und sind erst durch moderne Entwurfs- und Visualisierungssoftware für Architekten denkbar geworden. › Abb. 79

Es ist hilfreich, im Laufe des Studiums verschiedene Ansätze auszuprobieren und herauszufinden, mit welchem „handwerklichen" Hilfsmittel man am besten intuitiv gestalten kann und welches die eigene Kreativität am besten unterstützt und fördert.

\\Tipp:
Das Entwerfen am Computer mit Hilfe von CAD-Programmen empfinden viele Architekten trotz der vielfältigen Möglichkeiten als schwierig, weil das Programm gerade zu Beginn des Studiums nicht so intuitiv als Hilfsmittel genutzt werden kann wie beispielsweise ein Stift. Daher sollte man den Entwurf am Computer erst dann in Betracht ziehen, wenn das Handwerkliche dieser Vorgehensweise keine Aufmerksamkeit mehr verlangt, oder Programme verwenden, die ein intuitives Entwerfen mit Volumen und Objekten erlauben.

\\Hinweis:
Wer sich für die Entstehung und die Hintergründe von Blobs interessiert, sollte die Texte von Jeffrey Kipnis „InFormation/DeFormation" und von Greg Lynn „Das Gefaltete, das Biegsame und das Geschmeidige" lesen (beide in Arch+, Nr. 131).

KREATIVITÄT UND KREATIVITÄTSTECHNIKEN

Viele Studenten stehen zu Beginn des Studiums vor der Frage, ob sie in der Lage sind, den Anforderungen der Hochschule an ihre schöpferische Gestaltungskraft gerecht zu werden. Sie versuchen, anhand von bisher gewonnenen Erfahrungen die eigene Kreativität und die eigenen gestalterischen Fähigkeiten einzuschätzen und auf das Architekturstudium zu projizieren. Doch wie weit ist Originalität eine Grundvoraussetzung für den architektonischen Entwurf, und worin besteht die Kreativität im Prozess des Entwerfens?

Kreativität

Nähert man sich einem Entwurf, so steht man in der Regel nicht vor einer weißen Leinwand, auf der alles entstehen kann. Es gibt Parameter, die das Entwerfen beeinflussen und die Ausgangspunkte des Entwerfens bilden können. Im Entwurfsprozess werden nur im geringen Maße Ideen entwickelt, die es zuvor noch nie gegeben hat. Vielmehr besteht die Herausforderung darin, neue und den Rahmenbedingungen angepasste Lösungen auf der Basis bereits existenter Prinzipien und Entwurfsansätze zu entwickeln. Kreativität sollte daher – unabhängig vom individuellen Potenzial eines Menschen – immer vor dem Hintergrund der Aktivierung durch äußere Einflüsse, des bereits Erlernten und des Willens zur Weiterentwicklung gesehen werden.

> ◧

In der Wissenschaft existieren verschiedene Kreativitätstechniken, die auch für den architektonischen Entwurf von Bedeutung sein können. Ziel dieser Techniken ist es, in kurzer Zeit sehr viele Ideen auf intuitive Weise zu produzieren. Sie fördern Assoziationen und neue Denkweisen, versuchen verstecktes Gedankengut zu aktivieren und Hemmnisse zu minimieren. Insbesondere in der Gruppe lassen sich durch Interaktion verschiedener Beteiligter neue Ergebnisse erreichen.

Brainstorming

Beim Brainstorming wird eine Gruppe zusammengestellt und mit einer Aufgabe konfrontiert. Zunächst wird die Aufgabe erläutert, analysiert und eventuell mit einer typischen Lösung versehen. Im Anschluss sollen alle Mitglieder spontane Lösungsvorschläge und -ideen benennen, ohne

◧

\\ Hinweis:
Mit dem Begriff Kreativität wird in aller Regel eine Lösung verbunden, die auf neue und effektive, meist unkonventionelle Art ein bestehendes Problem oder eine Aufgabe löst. Kreativität lässt das Problem als solches vielleicht sogar erst erkennbar werden und erlaubt es, ihm flexibel oder mit neuen Mitteln, die dem Umfeld vorher nicht präsent waren, zu begegnen.

sich dabei gegenseitig zu kritisieren oder Ideen zu bewerten. Auf diese Weise wird die Gruppe ermutigt, Ideen frei zu äußern und nicht direkt an die Konsequenzen einer Entwurfsidee zu denken. Auch absurde Ideen können so anregend wirken, und die Mitglieder können sich gegenseitig animieren. Alle Vorschläge werden notiert, vorgetragen und erst dann auf ihre Umsetzbarkeit bewertet.

Brainwriting

Das Brainwriting funktioniert nach dem gleichen Ablaufschema wie das Brainstorming, nur dass die Ideen nicht in die Runde geworfen werden, sondern jeder für sich diese niederschreibt. So erhalten auch eher zurückhaltende Mitglieder der Runde die Möglichkeit, ihre Ideen zu positionieren.

Galeriemethode

Eine gerade in der Architekturausbildung oft genutzte Technik ist die Galeriemethode. Dabei entwickelt jeder Teilnehmer eine eigene Lösung, die zusammen mit allen anderen an einer Präsentationsfläche gezeigt wird. In einer Assoziationsphase (Kolloquium) werden die Lösungen diskutiert und auf Grundlage der neuen Erkenntnisse im Anschluss weiter verfeinert, um danach erneut der gemeinsamen Kritik ausgesetzt zu werden.

SCAMPER

SCAMPER ist eine Kreativitätstechnik, die in Form einer Checkliste funktioniert, um neue Lösungen zu entdecken und bestehende Elemente neu zu hinterfragen. › Tab. 2 Man versucht, zu den aufgeführten Punkten Antworten und so Entwurfsvarianten bzw. Wege aus Sackgassen zu finden.

Tab.2:
SCAMPER-Methode

Abkürzung	Bedeutung	
S	Substitute	Einzelne Elemente ersetzen
C	Combine	Mit anderen Elementen oder untereinander kombinieren
A	Adapt	Inhalte oder Funktionen verändern
M	Modify	Größe oder Maßstab ändern, Variieren von Elementen
P	Put	Weitere Verwendungen finden
E	Eliminate	Zusätzliches entfernen, auf Kernfunktion reduzieren
R	Reserve	Auf den Kopf stellen, entgegengesetzte Ideen

Mindmapping

Mindmapping bezeichnet eine grafische Darstellung einer bestehenden Aufgabe. Diese wird mittig auf ein Blatt geschrieben und durch entsprechende Verknüpfungen mit Nebenaspekten oder Lösungsvarianten verbunden. Versucht man sich beispielsweise einer Entwurfsaufgabe und deren Funktion zu nähern, lassen sich mit Hilfe des Mindmappings Funktionsschemata entwickeln. › Abb. 80 und Kap. Entwurf und Funktion, Raumprogramm und innere Organisation

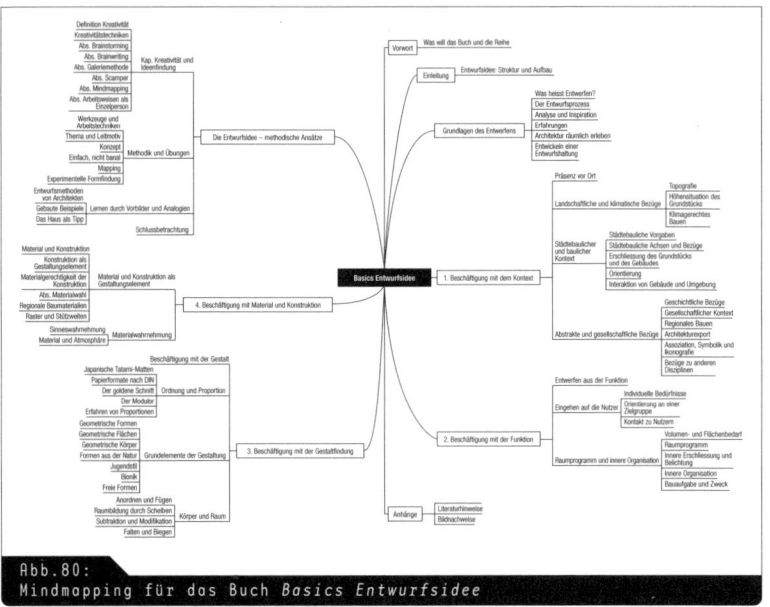

Abb.80:
Mindmapping für das Buch *Basics Entwurfsidee*

Arbeitsweise
als Einzel-
person

Wer sich nicht in der Gruppe, sondern allein auf die Suche nach einer Entwurfsidee begibt, kann ebenfalls aus den beschriebenen Kreativitätstechniken lernen. Um der Gefahr zu entgehen, in eine entwurfliche Sackgasse zu gelangen, ist es hilfreich, im Entwurfsprozess sich selbst und die entstehenden Entwurfsansätze immer wieder unter einem anderen Licht und Blickwinkel (z.B. dem eines Dritten) zu betrachten und zu hinterfragen. Hierzu können Diskurse mit anderen – auch fachfremden – Personen hilfreich sein, oder der Entwerfende versetzt sich bewusst in den späteren Nutzer und versucht, den Entwurf durch dessen Brille zu sehen und die Wirkung des Gebäudes auf ihn zu erforschen.

Oft ist es sinnvoll, regelmäßige Pausen einzulegen und sich kurzzeitig mit anderen Dingen zu beschäftigen, um sich etwas von der entstandenen Entwurfsidee oder einer gedanklichen Richtung zu distanzieren. So kann man wie ein Außenstehender noch einmal die Grundsätze hinterfragen und kritisch bewerten.

METHODEN UND STRATEGIEN

Analysen und Untersuchungen

Die Beschäftigung mit den beschriebenen Entwurfsparametern steht zumeist am Anfang der Aufgabenstellung. Dabei ist nicht vorhersehbar, welche Ansätze Erfolg versprechen. Manchmal ist es ein erster Besuch vor Ort. Skizzen und Fotos sowie das Studium des Umfeld helfen dabei, erste Ideen für den späteren Entwurf zu entwickeln. Oft ist eine analytische Beschäftigung mit dem räumlichen und städtebaulichen Kontext hilfreich, um einen ersten Zugang zu bekommen, gerade dann, wenn man sich mit einem bis dahin unbekannten Ort auseinanderzusetzen hat.

Vorbilder und gebaute Beispiele

Eine weitere Möglichkeit besteht darin, andere Gebäude mit ähnlichen Aufgabestellungen oder in einem ähnlichen Kontext zu studieren, um ein Gefühl für die Aufgabe zu bekommen. Besteht die Planungsaufgabe aus einer speziellen Funktion wie z.B. einem Bahnhof, oder ist das Baugrundstück in seiner Umgebung, etwa als Hanglage, schwierig zu erfassen, so lassen sich aus gebauten Beispielen Möglichkeiten herausziehen, wie eine solche Situation angegangen werden kann. Je mehr man sich mit gebauten Beispielen beschäftigt, desto größer wird auch das Spektrum an Varianten und Bandbreiten. Dabei ist nicht nur das ästhetische Empfinden ein Kriterium; vielmehr sollten während der Entstehung des Entwurfs auch die Rahmenbedingungen betrachtet werden. Ein Gebäude oder eine Vision in diesem Kontext zu verstehen und zu hinterfragen, kann für eigene Ansätze und Ideen von Nutzen sein. › **Kap. Entwerfen im Kontext**

Entwurfsmethoden bekannter Architekten

Ein weiterer Ansatz ist, sich mit einem bekannten Architekten zu beschäftigen und zu versuchen, einen Entwurf nach dessen Leitgedanken und Ideen zu gestalten. Durch die konkrete Entwurfsarbeit wird ein viel intensiveres Verständnis für Haltung und Arbeit dieses Architekten erzielt. Indem dessen Inhalte an einem konkreten eigenen Entwurf angewendet werden, vertieft sich die Beziehung zu ihnen, was eigene Ansätze fördert.

Thema und Leitmotiv

Vielen Bauten mangelt es an einer ablesbaren Entwurfsidee. Ein Grund dafür kann in der Vielzahl von Leistungen liegen, die von einem Gebäude zu erbringen sind und die häufig während des Entwurfsprozesses mehr oder weniger gleichberechtigt abgearbeitet werden. Um das zu verhindern, kann es hilfreich sein, seinen Entwurf einem Thema oder Leitgedanken zu unterstellen und darüber Ansatzpunkte für die Entwurfsidee zu erlangen. Leitmotive können dabei nicht nur im direkten architektonischen Kontext gesucht werden.

Möglichkeiten der Themenbenennung sind sowohl materielle Gegenstände als auch immaterielle Phänomene, die entwurflich transformiert werden sollen. Die Schwierigkeit besteht darin, den Abstraktionsgrad der Transformation richtig zu definieren. Wird ein Thema gewählt, das sich durch klare Motive und Assoziationen auszeichnet, so soll vielleicht der Entwurf weder durch direkte Übernahme dieser Motive plakativ und banal wirken noch durch einen zu hohen Abstraktionsgrad den Bezug zum eigentlichen Thema verlieren. Das Gebäude sollte differenziert auf thematische Einflüsse reagieren. › **Abb. 81–83** Anhand dieser Übungen lassen sich Motivbezüge, Abstraktionsfähigkeit und der Umgang mit sinnbildlichen Elementen erfahren.

Mapping

Eine Möglichkeit, ein Thema für einen Entwurf zu entwickeln, ist das Mapping, eine spezielle Form der Transkription (Übertragung). Das Ziel ist

Abb.81:
Transformationen des Leitmotivs „Schiff" in verschiedenen Zeitepochen

Abb.82:
Das Leitmotiv „Evolution", interpretiert als Spirale, die der Besucher des Museums parallel zur dargestellten thematischen Entwicklung physisch erläuft

Abb.83:
Das Leitmotiv „Insel" für den Entwurf einer Siedlung im Wald

die Entwicklung einer architektonischen Struktur, die sich mit einem vor Ort beobachteten räumlichen Phänomen auseinandersetzt und als Grundlage für den Entwurf dienen kann. Die Datenaufnahme (Kartierung) kann durch Fotos, Skizzen, Modelle oder Videoaufnahmen vorgenommen werden. Die Auswertung der Daten erfolgt durch die Entwicklung einer speziell für die Problematik entwickelten Logik und Sprache – einer spezifischen Notation –, die sich auf ein räumliches Phänomen konzentriert (z.B. Bewegungsräume, Licht und Schatten, Zwischenräume, Geräusche usw.). Das räumliche Phänomen soll durch die Notationsform in eine architekto-

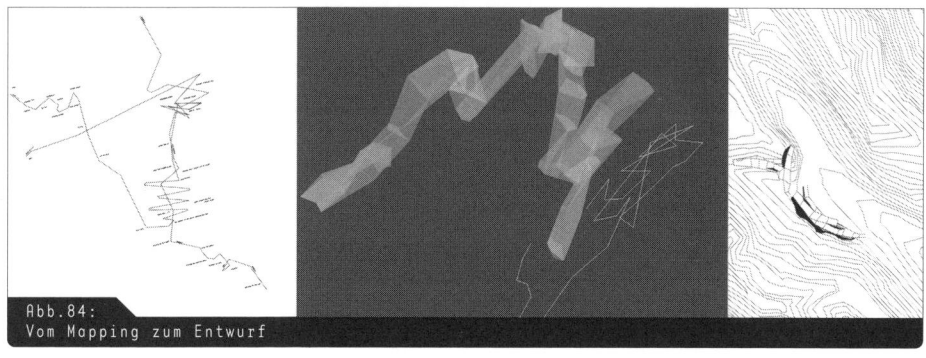

Abb.84:
Vom Mapping zum Entwurf

nische Struktur in Form eines Modells übersetzt werden. › Abb. 84 Die sehr
konzentrierte und durchaus subjektive Analyse des Grundstücks bewirkt
dabei eine intensive Auseinandersetzung mit dem Ort und eine Annäherung an die Aufgabe.

› 🏮

Experimentelle
Formfindung

Anstatt einer analytischen Auseinandersetzung mit der Aufgabe ist
es auch möglich, mit Hilfe experimenteller Formfindungen zu einer ersten thematischen Setzung zu gelangen. Dabei ist sowohl das Arbeiten am
Computer mit Hilfe von Entwurfs- und Visualisierungssoftware als auch
an analogen, plastischen Modellen (z.B. Gips, Wachs, Knete) möglich, deren
Ergebnisse sich zu einem späteren Zeitpunkt z.B. über dreidimensionale
Scanner digitalisieren lassen. Durch das Experimentieren mit artfremden
oder verwandten, herkömmlichen Materialien entstehen oft unerwartete,
innovative Formen.

🏮

\\ Hinweis:
Mapping kommt vom englischen Begriff Map (dt.:
Karte, Mapping bedeutet Kartierung oder Abbil-
dung). Karten beschäftigen sich mit Fakten. Sie
sind grafische Darstellungen von Dimensionen,
Attributen und Beziehungen zwischen Elementen
in der physischen Welt oder in der Welt der Logik. Nahezu alles kann abgebildet oder notiert
werden: Räume, Galaxien, Zeit, Geschichte, Be-
rufe oder Philosophien. Wer sich für das Thema
interessiert, dem sei das Buch *Mapping* von
Roger Fawcett-Tang und William Owen empfohlen,
erschienen bei RotoVision 2005.

Abb.85:
Gebaute Beispiele, die auf experimenteller Formfindung basieren

Einige der zahlreichen Möglichkeiten sind:

_ Ableitung der Form aus zerknülltem Papier (Frank O. Gehry arbeitet bei seinen Studien u. a. auf diese Weise)
_ Verformung eines Gegenstands (z. B. einer Dose oder eines Kartons) zur Entwicklung komplexer Geometrien
_ Strukturfindung durch Magnetisierung: Eisenspäne oder Nägel können so auf einem Tisch ausgerichtet werden.
_ Bearbeitung von Knetmasse auf einer Platte, bis dynamische Formen entstehen

Das experimentelle Arbeiten erscheint in seinem Entstehungsprozess zufällig oder beliebig, dies ist jedoch nur sehr begrenzt der Fall. Man experimentiert und verwirft das Entstandene so lange, bis eine Struktur mit Potenzial erkennbar wird. Diese wird dann verfeinert und weiterentwickelt, so dass das Experiment lediglich ein Katalysator für die eigene Kreativität ist. Der weitere Entwurfsprozess baut – ebenso wie bei einer geometrischen Grundform – auf dieser ersten Setzung auf. Der Anreiz entsteht unabhängig von der Herangehensweise, indem in dem Entstandenen Möglichkeiten funktionaler und vor allem ästhetischer Art erkannt werden. › Abb. 85

SCHLUSSBETRACHTUNG

Die Qualität eines architektonischen Entwurfs lässt sich zwar an charakteristischen Elementen wie etwa der Schlüssigkeit des Konzepts oder der Differenzierung in der Auseinandersetzung mit dem Ort abwägen, grundsätzlich ist die Qualität aber auch immer vor dem Hintergrund der subjektiven Empfindung zu sehen. Architekturqualität lässt sich nur schwer objektiv nach Parametern oder Skalen einordnen, eine Bewertung spiegelt immer auch die individuelle Sichtweise der bewertenden Person wider. Daneben spielt auch der Wandel des Zeitgeschmacks über die Lebensdauer des Gebäudes eine Rolle. Gebäude, die in den achtziger Jahren modern waren, erscheinen uns heute vielleicht als unzeitgemäß. Stucküberladene Gründerzeithäuser sind sehr beliebt, obschon sie in der Moderne als Kitsch verschmäht wurden. Unabhängig davon, ob ein Entwurf „zeitlos" gestaltet wird oder den direkten Zeitgeschmack widerspiegelt, ist eine Entwurfsidee nur dann wirklich schlüssig, wenn sie komplett durchdacht ist und mit gleich bleibender Qualität in die Realität umgesetzt wird. Auf Basis dieser ersten Idee entwickelt sich der Entwurfsprozess; der Entwurf entsteht. Dabei gilt es, die Prinzipien und Grundgedanken des Entwurfs in der Planung fortzuschreiben, zu detaillieren und bis in die Bauausführung zu steuern.

Wohl wissend, dass hier lediglich der erste Impuls eines Prozesses vollzogen wird, vermitteln die dargelegten Ansatzpunkte vielfältige, aber bei weitem nicht abschließende Möglichkeiten, wie sich einer Entwurfsaufgabe angenähert werden kann. Das Entwerfen ist keine Reproduktion dieser Ansätze oder bestehender Vorbilder, sondern immer ein kreativer Prozess, der aus diversen Rahmenbedingungen oder Inspirationsquellen ein neues Ganzes entstehen lässt. Die an dieser Stelle zum Zweck der ersten Ideenfindung separat betrachteten Elemente Kontext – Funktion – Gestalt – Material und Konstruktion sind im Entwurfsprozess so miteinander zu verknüpfen, dass ein vielschichtiges Gefüge aus Einflüssen und Bedingungen entsteht. Welchem dieser Elemente der erste Entwurfsgedanke entspringt, welcher Ansatz zu einem gereiften Konzept führen wird – dies sind individuelle Erfahrungen und Erkenntnisse, für die das Architekturstudium reichhaltige Grundlagen bereitstellt.

Das Entwerfen wird nicht passiv aus Büchern oder Vorlesungen gelernt. Auch die sind lediglich Anreize oder Katalysatoren für die eigene Entwicklung. Entwerfen wird durch – Entwerfen gelernt. Das Buch *Entwurfsidee* will wertvolle Anreize für die eigene, kreative Entwurfsarbeit bieten und dazu motivieren, sich dem Entwerfen in all seinen Facetten zu widmen und langfristig eigene Wege in der Entwurfsfindung zu beschreiten. Dazu gehört, dass immer wieder neue Fragen gestellt werden, immer wieder neu experimentiert und die Entwurfsarbeit mit Freude und Neugier betrieben wird.

ANHANG

LITERATUR

Grundsätzliches zum Entwerfen:

Leon Battista Alberti: *Zehn Bücher über die Baukunst*, (1485) Wissenschaftliche Buchgesellschaft, Darmstadt 2000

Francis D. K. Ching: *Die Kunst der Architekturgestaltung als Zusammenklang von Form, Raum und Ordnung*, Augustus Verlag, Augsburg 2002

Le Corbusier: *Der Modulor, Modulor 2*, DVA, München 2003 (6. Auflage)

Roger Fawcett-Tang; William Owen: *Mapping*, RotoVision, Brighton 2005

Christian Gänshirt: *Werkzeuge für Ideen*, Birkhäuser Verlag, Basel 2007

Jeffrey Kipnis: InFormation/DeFormation, in *Arch+*, Nr. 131

Peter Lorenz: *Entwerfen. 25 Architekten – 25 Standpunkte*, DVA, München 2004

Greg Lynn: Das Gefaltete, das Biegsame und das Geschmeidige, in *Arch+*, Nr. 131

Andrea Palladio: *Die vier Bücher zur Architektur*, Birkhäuser Verlag, Basel 2001 (nach der Ausgabe Venedig 1570)

Camillo Sitte: *Der Städtebau nach seinen künstlerischen Grundsätzen*, Birkhäuser Verlag, Basel 2002

Vitruv: *Zehn Bücher über Architektur*, Primus Verlag, Darmstadt 1996

Architekturgeschichte und -theorie:

Otl Aicher. *analog und digital*, ernst & sohn Verlag, Berlin 1991

Otl Aicher: *die welt als entwurf*, ernst & sohn Verlag, Berlin 1991

Leonardo Benevolo: *Die Geschichte der Stadt*, Campus Verlag, Frankfurt 2000

Gerd de Bruyn, Stephan Trüby: *architektur_theorie.doc*, Birkhäuser Verlag, Basel 2003

Le Corbusier: *Ausblick auf eine Architektur*, Birkhäuser Verlag, Basel 2000 (4. Auflage)

Siegfried Giedion: *Raum, Zeit, Architektur*, Birkhäuser Verlag, Basel 1996

Hartmut Häussermann, Walter Siebel: *Neue Urbanität*, Edition Suhrkamp, Frankfurt/Main 1987

Hanno-Walter Kruft: *Geschichte der Architekturtheorie*, Verlag C.H. Beck, München 1995

Peter Noever: *Architektur im Aufbruch, Neue Positionen zum Dekonstruktivismus*, Prestel Verlag, München 1991

Nikolaus Pevsner: *Europäische Architektur von der Anfängen bis zur Gegenwart*, Prestel Verlag, München 1994

Robert Venturi: *Komplexität und Widerspruch in der Architektur*, Birkhäuser Verlag, Basel 1978

Robert Venturi, Denise Scott Brown, Steven Izenour: *Lernen von Las Vegas*, Birkhäuser Verlag, Basel 2001 (2. Auflage)

Verschiedene Schwerpunkte des Entwerfens:

Jürgen Adam, Katharina Hausmann, Frank Jüttner: *Entwurfsatlas Industriebau*, Birkhäuser Verlag, Basel 2004

Sophia und Stefan Behling: *Solar Power*, Prestel Verlag, München 2000

Mark Dudek: *Entwurfsatlas Schulen und Kindergärten*, Birkhäuser Verlag, Basel 2006

Johann Eisele; Bettina Staniek: *Bürobau Atlas*, Callwey Verlag, München 2005

Roberto Gonzalo, Karl Habermann: *Energieeffiziente Architektur*, Birkhäuser Verlag, Basel 2006

Rainer Hascher; Simone Jeska; Birgit Klauck: *Entwurfsatlas Bürobau*; Birkhäuser Verlag, Basel 2002

Paul von Naredi-Rainer: *Entwurfsatlas Museumsbau*, Birkhäuser Verlag, Basel 2004

Ernst Neufert: *Bauentwurfslehre*, Vieweg Verlag, Braunschweig 2005

Friedericke Schneider (Hrsg.): *Grundrissatlas Wohnungsbau*, Birkhäuser Verlag, Basel 2004

Reihenherausgeber: Bert Bielefeld
Konzeption: Bert Bielefeld, Annette Gref
Layout und Covergestaltung: Muriel Comby

Bibliografische Information der Deutschen
Nationalbibliothek.
Die Deutsche Nationalbibliothek verzeichnet diese
Publikation in der Deutschen Nationalbibliografie;
detaillierte bibliografische Daten sind im Internet
über http://dnb.ddb.de abrufbar.

Dieses Buch ist auch in englischer Sprache
(ISBN 978-3-7643-8112-7) und französischer
Sprache (ISBN 978-3-7643-8111-0) erschienen.

© 2007 Birkhäuser Verlag AG
Basel · Boston · Berlin
Postfach 133, CH-4010 Basel, Schweiz
Ein Unternehmen der Fachverlagsgruppe
Springer Science+Business Media

Gedruckt auf säurefreiem Papier, hergestellt aus
chlorfrei gebleichtem Zellstoff. TCF ∞
Printed in Germany

ISBN 978-3-7643-8088-5
9 8 7 6 5 4 3 2 1   www.birkhauser.ch